魔界都市・京都の謎

封印された闇の歴史を暴く

火坂雅志

PHP文庫

○本表紙図柄＝ロゼッタ・ストーン（大英博物館蔵）
○本表紙デザイン＋紋章＝上田晃郷

プロローグ――〝魔界都市〟京都から、闇の姿が見えてくる！

本書は京都の〝魔界案内書〟である。

魔界――と言っても、物語や空想の世界だけに存在するものと、多くの方は思っておられるだろう。筆者もまた、そう思っていた。ところが、京都の町を歩き、その裏側を探っていくうちに、今も魔界が脈々と生きつづけていることに気がついた。

「現代に魔界が？」と、不審に思われる方もあるだろう。

しかし、京都という町について調べれば調べるほど、魔界の存在を信じざるをえなくなってくる。京都という町は、魔界と寄り添いあうようにして発展してきた。京都千二百年の歴史は魔界を抜きにしては語れないことも、わかってきたのである。

ここに書かれていることはすべて、筆者がみずからの足で歩き、目でたしかめた事実ばかりである。無理なこじつけや類推はいっさいしていない。事実が語るもの――それのほうがへたな作り話より、はるかにおもしろく、恐ろしかったからである。

なかには今まで公表されたことのない、驚くべき事柄も数多くふくまれている。何度訪ねても、禁忌《きんき》ということで、堅く口を閉ざして真実を語ってくれなかった寺の住職もあった。ここから先は写真撮影もスケッチも一切ならんと、カメラを取り上げられてしまったこともある。それでもあえて、秘められた京都の陰《かげ》の部分に挑戦した。

京都というのは、年間数百万人の観光客が押し寄せる超観光都市である。修学旅行でも訪れるところだから、誰しも一度くらいはこの町に足を踏み入れたことがあるだろう。

その場合、観光バスで連れて行かれるのは、清水寺《きよみずでら》、金閣寺《きんかくじ》、嵐山《あらしやま》と、だいたいの相場は決まっている。バスガイドに引率されて歩きながら、いったい何がおもしろいのかと思った記憶が、きっとあなたにもあるにちがいない。だが――。

ひとたび、観光都市としての仮面を引っ剝《ば》がしてみると、京都は別の顔をもってわれわれに迫《せま》ってくる。たとえば、観光客であふれる清水の舞台。

かつてこの舞台の上からは、死体を投げ捨てたものだと、土地の古老から信じられないような話を聞いた。投げ捨てた死体は斜面をすべり落ち、京の葬送の地である鳥辺野《とりべの》まで転がっていったという。

京の夏の風物に〝大文字《だいもんじ》の送り火〟、すなわち〝五山の送り火〟がある。

毎年八月十六日になると、京都盆地を取り囲む山々に、大文字、船形、あるいは鳥居《とりい》の火模様がくっきりと浮かび上がる。これを見るため、ホテルの屋上ビアガーデンは例年、予約で一杯になる。だが、この五山の送り火、じつは死者の魂をあの世へ送る壮大な精霊《しょうりょう》送りの儀式なのである。

死者と生者の世界が交錯《こうさく》しあう町、それが京都という都市の素顔なのだ。死者の棲《す》む異界を見ずして、京都を理解することはできない。本書はその隠された京都の実像に迫ってみた。京都の裏面史に興味のある方、魔界都市としての京都に関心を寄せる方、あるいは、日本の闇の歴史に好奇心を抱いている方、そんな読者の方々にとっては、本書はまさに新鮮なショックの連続となるはずだ。

では、闇へ――。

魔界都市・京都の謎

目次

1 京都を〝首都〟に選んだ桓武《かんむ》天皇の恐るべき狙いとは

――「千年王国」計画へ、陰《かげ》の呪術システムの全貌

2 高僧、最澄が鬼を送り 軍神、田村麻呂に"魔界"への秘密指令が……

――戦慄の四大魔所と謎の大図形〈北斗七星〉

5 清盛、信長、秀吉の魔の運命が明らかになった

――この闇の歴史を知ってしまった衝撃

1

京都を〝首都〟に選んだ桓武《かんむ》天皇の恐るべき狙いとは

——「千年王国」計画へ、陰《かげ》の呪術システムの全貌

千年の都、京都に施されていた呪術システム

京都の町を築いたのは、桓武《かんむ》天皇である。

延暦《えんりゃく》十三年（七九四）、桓武天皇はそれまで都のあった奈良の「平城京」から、山城国葛野郡《やましろのくにかどの》、現在の京都の地へ都を移した。すなわち、「平安京」である。

古来、都を定めるには中国の古い占いの一種である〝風水説〟がもちいられる。

それによれば、

北（玄武《げんぶ》）に山地
東（青竜《せいりゅう》）に河川
南（朱雀《すざく》）に湖沼
西（白虎《びゃっこ》）に大道

がある土地がよいとされ、「玄武」（北の守護神）、「青竜」（東の守護神）、「朱雀」（南の守護神）、「白虎」（西の守護神）の四神がすべてそろった場所をとくに、〝四神相応《ししんそうおう》の地〟と呼んだ。

なぜ、四神相応の地でなければならないのか——。

「北に山地」

「南に湖沼」

とは、山の南麓に土地がひらけているということであろう。

山の南斜面ならば、日当たりがいい。日当たりがいいばかりではなく、山から清らかな水が湧き出し、それが南へ向かって流れることになる。これが、都の東を流れるという川である。川は用水だけでなく、水運にも使われる。

そして、都の西側に街道があれば、交通の便もよく必然的に都は栄える。

そういうことである。

実際の京都の地勢をこれと重ね合わせてみよう。

北に洛北《らくほく》の峰々をせおい、南に巨椋池《おぐらいけ》（近代に入って干拓され、現在はない）という大きな湖がひろがっている。

全体として、南へ行くほど土地が低くなり、ゆるやかに傾斜する南斜面の地である。

今でも京都で北へ行くことを「上《あが》ル」、南へ行くことを「下《さが》ル」と言うのはそのためだ。

東には鴨川の清冽《せいれつ》な流れ。西には古代、日本を横断するもっとも重要な幹線であった山陽道が、大陸への玄関口となる九州地方へ向かってのびていた。

つまり、京都は風水説で必要な立地条件をことごとく満たした、理想の都だったのである。

そのせいかどうか、明治維新で江戸に遷都《せんと》がなされるまで、京都はじつに一千年あまりの長きにわたって日本の王都として栄えつづけた。

まさに、

——千都

である。

しかし、京都が千年の長きにわたり王都として生きながらえてきたのは、なにもその理想的な立地条件によるものばかりではない。

じつは、京都には何人も侵すことを許されない、壮大にして強力な、ある秘密の仕掛けがほどこされていたのである。

いや、ほどこされていたのではない。今まさに、現代の京都の町にもそれはたしかに存在しつづけている。

その秘密の仕掛けとはいったい何か——。

筆者はそれを、

「魔界封じ」

と、呼んでいる。

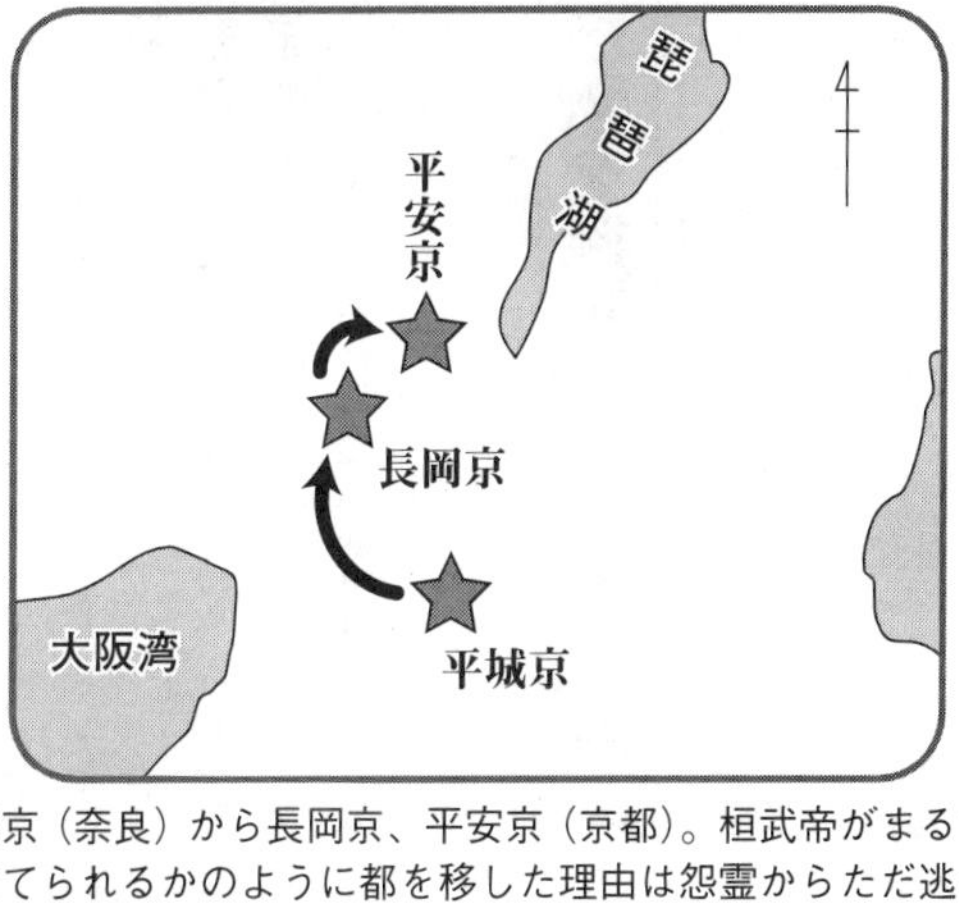

平城京（奈良）から長岡京、平安京（京都）。桓武帝がまるで追い立てられるかのように都を移した理由は怨霊からただ逃れたいがためだった。

〝魔界封じ〟とは、読んで字のごとく、「妖魔」「魔物」「魑魅魍魎《ちみもうりょう》」「鬼」「疫神《えきじん》」といった、いわゆる異界のものの侵入を食い止める呪術《じゅじゅつ》システムのことである。

このシステムは、霊的、呪術的に都をガードすることにより、悪疫、天災、戦乱が降りかかるのを防ぐ目的でもうけられた。

それを造ったのは言うまでもなく、平安京の創設者桓武天皇自身、および、当時一流の知識をほこった僧侶、学者ら、桓武のブレーンたちである。

では、かれらがその知識のすべてをかたむけて完成させた〝魔界封じ〟とは、いったいいかなるものなのか――。

東西南北の巨石に埋められた物を探す

「磐座《いわくら》」

という言葉をご存じだろうか。

磐座とは、山の頂《いただき》に巨大な石を積み上げて造られたもので、〝日本の超古代文明〟とか、〝超ピラミッド文明〟といったたぐいの本に、宇宙人が造ったのではないかとまことしやかに紹介される、謎につつまれた巨石建造物である。

もちろん、宇宙人が造ったものではない。古代人が祭祀《さいし》をおこなう祭壇《さいだん》としてもうけたものである。

現代に生きるわれわれは、神に祈りたいときには神社にお参りして手を合わせ、神主にお祓《はら》いしてもらう。それと同じように、古代の人々は山上の磐座に集い、神に敬虔《けいけん》な祈りをささげた。

古い由緒をとどめる神社には、社《やしろ》の裏山に、この磐座のあるところが多い。たとえば、奈良県の大神《おおみわ》神社には、辺津《へつ》磐座《いわくら》、中津《なかつ》磐座、奥津《おくつ》磐座という三つの磐座があるし、平清盛が造営した広島県の厳島《いつくしま》神社も、その裏山の弥山《みせん》にのぼってみると巨石を積み上げた巨大な磐座がある。

つまり、磐座とは神を祀《まつ》る神社の原始の姿なのだ。

巨石文明として世界的に知られるイギリスのストーンヘンジも、じつは日本の磐座と同じものである。いまだにストーンヘンジの前で祈禱《きとう》をする宗教団体があるのはそのためであろう。

ながながと磐座について書いたのはほかでもない。じつは、桓武天皇が造った〝魔界封じ〟のひとつが、このイワクラだとされているからである。

京都では磐座とは書かず、

「岩倉」

と書く。

どちらでも意味は同じことである。

桓武天皇が平安京に都をさだめた時代、京のまわりの山々には、古代人の築いた磐座があちこちに散在していた。

実例をあげよう。

洛北《らくほく》松ヶ崎に岩上《いわがみ》神社という古社がある。ここには社殿はなく、ただ一個の巨大な自然石が神体として祀られている。

これは、古代祭祀の磐座《いわくら》遺跡で、古代のシャーマンはその岩の上に乗って神懸《かみが》かりし、神のお告げを聞いたのである。

磐座の巨石は、同じ洛北の船岡山《ふなおかやま》にもある。船岡山は、平安京の設計の基準点となった山で、その山頂には巨石群が存在している。

桓武天皇は、それら京都周辺に散在する磐座のうち、東西南北四つの磐座を掘り起こし、巨石の下に「一切経《いっさいきょう》」（大蔵経《だいぞうきょう》）を埋めさせた。一切経は、悪鬼を退散させる霊験《れいげん》あらたかな経典である。

一切経を、古代信仰の霊地である四つの磐座《いわくら》に埋めることにより、悪鬼退散の霊力をパワーアップし、平安京を東西南北の四方から呪的バリアですっぽりとおおったのである。

桓武天皇が築いた〝四岩倉〟とは、次の四カ所である。

《北岩倉》山住神社《やまずみじんじゃ》（左京区岩倉）
《西岩倉》西岩倉山金蔵寺《にしいわくらさんこんぞうじ》（西京区大原野石作町）
《東岩倉》東岩倉山（左京区粟田口大日山町）
《南岩倉》明王院不動寺《みょうおういんふどうじ》（下京区石不動之町）

これらを、ひとつずつ順に見ていきたい。

まずは、《北岩倉》。

北岩倉のある洛北岩倉の地は、王朝文化の栄えた平安時代には貴族の別荘地となっていた。幕末、岩倉具視《ともみ》が政争に敗れて五年間隠棲《いんせい》したのもこの岩倉の地であった。

その岩倉具視の旧居から、南へ二百メートルほど歩いたところに、村社然《そんしゃ》とした「山住《やまずみ》神社」（旧岩座大明神）がある。本殿はなく、山に積み重なった巨石群が神体となっているが、それが北の岩倉なのである。

最大五メートルはあろうかという巨石の下に、桓武天皇は一切経を埋めたといわれている。おそらく地下の一切経は、悪鬼を祓う霊力をいまだに発し続けているに

岩倉を完全な形で残す北の山住《やまずみ》神社

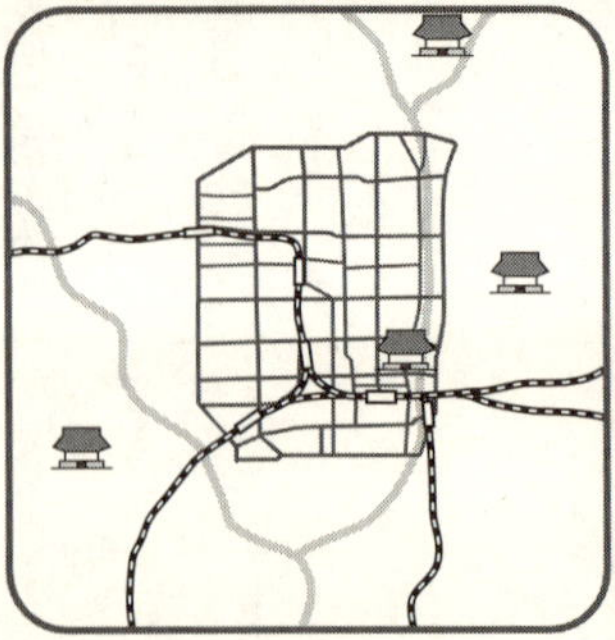

今は何も残らない東の大日山

古代信仰の霊地に仏教の力を加えて都を守ろうとした桓武帝。
その名残が今も東西南北の岩倉として残っているのは驚きだ。

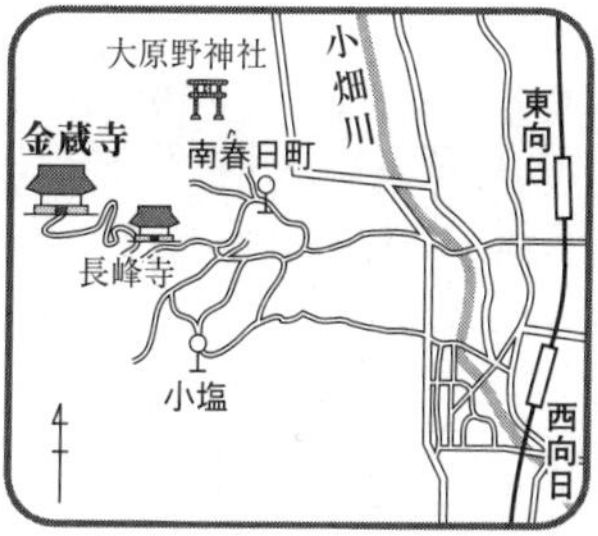

本堂の下に一切経が埋められているという西の金蔵寺《こんぞうじ》

御所を向く〝北向き不動〟。南の不動寺

ちがいない。

つぎに《西岩倉》。

西岩倉は、洛西の「西岩倉山金蔵寺《こんぞうじ》」がそれである。

金蔵寺は長い石段と、それをつつむように枝をのばす楓《かえで》が美しい。

石段の左右には、かつての坊舎《ぼうしゃ》の跡と思われる石垣が、草に埋もれて残っている。だが、磐座らしき巨石は境内のどこを捜しても見当たらない。

古書によれば、金蔵寺の本堂の下には一切経が埋蔵《まいぞう》されているという。すなわち、金蔵寺の本堂は磐座の巨石の上に築かれているのである。

《東岩倉》。

東岩倉は洛東《らくとう》の「東岩倉山」（大日山）にある。山は海抜三一〇メートル。全山、松でおおわれている。

かつて、この山には観勝寺という古刹《こさつ》があり、別名「東岩倉寺」と呼ばれていたが、ここが京都盆地を見おろす高台の地であったため、応仁の乱のさいに陣所《じんしょ》として使われ、戦火で焼失してしまったという。

ふもとにある日向《ひむかい》大神宮の裏手から、三十分くらい汗を流しながらのぼると、観勝寺の跡に達する。かつてはそこに、磐座が鎮座《ちんざ》していたのだろうが、今ではうっそうと生い茂る草のなかに墓石が幾つか埋もれているだけで、ほかには何も残っ

ご本尊の石を築城のため持ち帰って以来、秀吉の周辺に異変続出、あわてて元に戻したという「石不動」(不動寺)。

ていない。往時をしのばせるのは、東岩倉山という地名だけである。

北、西、東と、岩倉を順に見てきたが、これらの三カ所はいずれも京都の郊外にあった。「一切経」の呪的バリアにより、平安京全体をおおうのであるから、それも当然のことであろう。

ところが、つぎの南岩倉のみは京の町中にある。なぜか——。

それは、先にも述べたとおり、京の南は巨椋池《おぐらいけ》のひろがる低湿地で、岩倉の地にふさわしい山がなかったせいだと思われる。

《南岩倉》は、洛中石不動之町の「明王院不動寺《みょうおういんふどうじ》」だといわれる。

この寺、松原通に面し、北向き、つまり御所の方を向いて建っているので付近の人々は、

「北向きのお不動さん」

と、呼びならわしている。

伝えによれば、平安京開創当時、不動寺のあるあたりは、うっそうとした松林になっていて（寺の前の道が松原通と呼ばれるのは、その名残である）、松林のなかにこんもりとした丘があったという。おそらく、かつてはその丘の上に磐座《いわくら》があり、桓武天皇はそこに一切経を埋めさせたのであろう。

松林も丘も今はない。

ただ、「南岩倉」の扁額《へんがく》をかかげる明王院《みょうおういん》不動寺があるだけである。その不動寺が北向きなのは、平安京および皇城《こうじょう》を守るという岩倉本来の使命の名残にちがいない。

おもしろい話が残っている。

桃山時代、天下人となった太閤《たいこう》秀吉が京都に聚楽第《じゅらくてい》を造営したときのことである。秀吉は石垣を築くにあたり、貴族の邸宅の庭石や古寺の石仏など、ありとあらゆる石を駆り集めた。このとき、松原通の道ばたに転がっていた高さ三、四十センチの苔《こけ》むした不動尊の石仏を持ち帰ったが、その石仏が夜な夜な霊光を放つなど、怪異なことがたび重なった。弱り果てた秀吉は、石仏をもとの場所にもどし、御堂を建てたという。

それが今ある不動寺で、本尊は霊光を放ったと伝えられる石仏である。

筆者には、その石の不動尊の霊光こそが、南岩倉の呪術バリアが放っていた霊的輝きの名残であったような気がしてならないのだ。

四つの"大将軍神社"に隠されたサイン

桓武天皇は京都の四方に岩倉を造った。

これは「一切経」の霊力により、異界から侵入しようとする妖異のものをシャットアウトする装置だった。つまり、仏教の霊験で都を守ろうとしたのである。

仏教は聖徳太子の時代にわが国に渡来し、国を守る鎮護《ちんご》国家の宗教として重く用いられていたから、その霊力で王城の鎮護をはかろうとしたのも十分にうなずける。

だが、日本には仏教よりもはるかに古くからつづく呪術があった。それは、読者の方々もよくご存じの、

——神道《しんとう》

にほかならない。

筆者のふるさとの新潟の家には神棚《かみだな》も仏壇もあり、毎年正月になると、おせち料理を食べる前に神さまと仏さまをどちらも拝んだものだ。神と仏が仲良く同居、古いしきたりを残すところでは、どこでも事情は同じであろう。

桓武天皇は仏教のみならず、その神道の力で、平安京を守ろうとはしなかったのだろうか――。

結論から言えば、もちろんしたのである。では、どのようにそれをおこなったのか。

桓武天皇は京都の東西南北に、「素戔嗚尊《すさのおのみこと》」を降臨《こうりん》させたのである。素戔嗚尊《すさのおのみこと》――。

古代神話に荒ぶる神として登場する、太陽神アマテラスオオミカミの弟神である。『古事記』によれば、生来乱暴者であったスサノオは、姉神が支配する高天原《たかまがはら》で暴虐《ぼうぎゃく》をはたらき、それがためにアマテラスは天《あま》の岩戸《いわと》に身を隠して、天地は暗黒に閉ざされてしまった――この有名な〝天の岩戸神話〟を知らぬ人はいないだろう。

スサノオは、光を闇に封じ込めた悪神なのである。

桓武天皇はその悪神を逆に利用し、京都の四方に配置して都の守りにあたらせた。

「目には目を、毒には毒を」というわけだ。魔界のものの侵入を食い止めるためには、それくらいの荒ぶる神でなくては対抗できない、と考えたのである。

桓武天皇は都を守る素戔嗚尊《すさのおのみこと》に、

「大将軍《だいしょうぐん》」

という勇ましい名前を与えた。

この「大将軍」とは、中国の呪術のひとつ「陰陽道《おんみようどう》」でいうところの、星神を意味している。つまり、日本古来の呪術「神道」の神と、大陸伝来の呪術「陰陽道《おんみようどう》」の神を合体させた強力無比な存在、それがすなわち〝大将軍〟なのだ。

桓武天皇が都を守るために置いた素戔嗚尊《すさのおのみこと》の社〝大将軍社〟は、つぎにあげる四カ所といわれている。

①大将軍神社〔東〕（東山区三条大橋東三丁目下ル長光町）
②大将軍八神社〔西〕（上京区一条通御前西入ル）
③大将軍社〔南〕（伏見区深草鳥居崎町）
④大将軍神社〔北〕（北区西賀茂角社町）

それぞれ、簡単に紹介しておこう。

東の大将軍にあたる「大将軍神社」は、三条通と東大路通のまじわる四つ角から五十メートルほど西に入った市街地にある。ひろびろとした境内にはイチョウの木が涼やかに茂り、王城を守る荒ぶる神がそこに鎮座しているとは信じがたい、閑静なたたずまいの社である。

西の大将軍にあたるのは「大将軍八神社」。菅原道真《すがわらのみちざね》を祀った北野の天神さんの南西三百メートルの町中にある。神社の収蔵庫には、明治初年、境内の竹藪《たけやぶ》のなかの洞窟《どうくつ》から発見された平安・鎌倉期の大将軍像八十体が安置されている。なお、大将軍八神社の「八」とは、素戔嗚尊《すさのおのみこと》の息子の八神もあわせて祀っていることを示している。

南は、京都市街から五キロほど離れた深草《ふかくさ》の「藤森《ふじのもり》神社」の本殿背後に、摂社《せつしゃ》として祀られている。

北は洛北《らくほく》の西賀茂にあり、こんもりとした藪につつまれた村社といった感じのところだ。

これらの〝大将軍社〟はいずれも、「方除《ほうよ》け」の神として今でも信仰されている。「方除け」といっても、京都以外の人には分かりづらいにちがいない。

京の人々は、方位というものを非常に気にかける。家を建てるとき、転居するとき、旅行するとき、嫁入りするときなどに、必ず忌むべき方角というものがある。次でくわしく述べるが、艮《うしとら》（北東）の方角、いわゆる〝鬼門《きもん》〟がその忌むべき方角の代表である。

だが、実生活のなかで、サラリーマンが転勤を命じられるなどして、〝鬼門〟（北東）の方位へ移らねばならない場合が往々にして生じる。

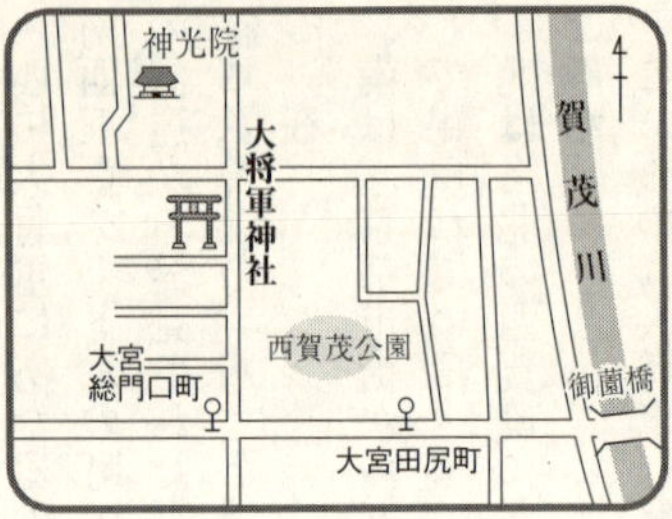

藪《やぶ》につつまれた北の大将軍神社

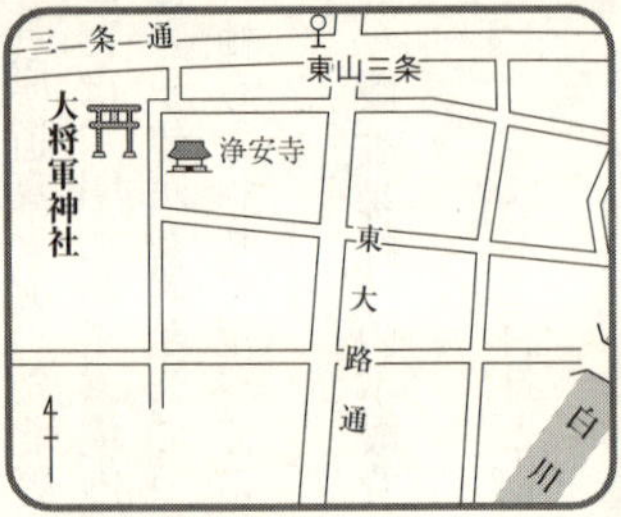

市街地に鎮座する東の大将軍神社

京都に今も残る四つの〝大将軍〟。絶対に犯してはならない陰陽道の方位を示しているという。

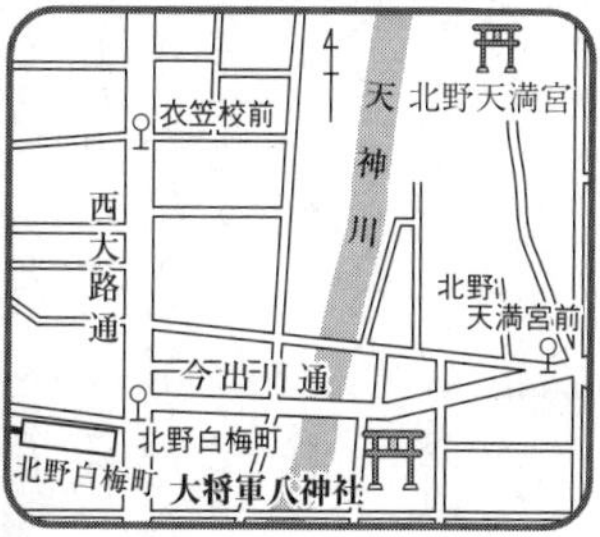

大将軍像80体を安置する西の大将軍八神社

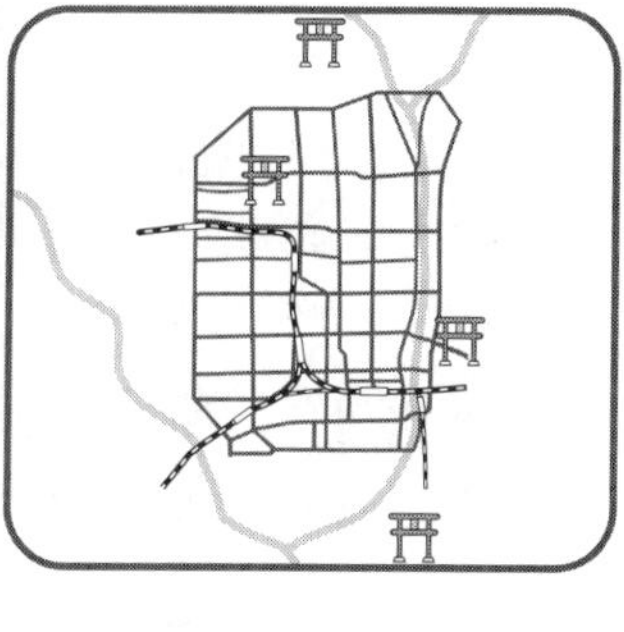

藤森神社内の南の大将軍社

たとえば、京都から金沢への転勤は、方角的にみて〝鬼門〟である。東京から水戸へ移るのもまた、〝鬼門〟である。

しかし、

「鬼門だから、水戸へは行きたくありません」

などと言っては、

「おまえ、正気か」

と、会社をクビになるのがおちである。

それでもやはり、〝鬼門〟が縁起悪いのは変わりないから、そういうときに、この「方除け」の神社を利用する。「方除け」の神社にお参りし、お守りをもらったうえで赴任するわけである。

まあ、気やすめといえば気やすめだが、信じる人にとっては、それで精神の安定がはかれるのだから安いものではないか。

〝大将軍社〟が「方除け」の神として信仰されているのは、素戔嗚尊《すさのおのみこと》の持つ強力な呪力によるものだ。

桓武天皇によって降臨したスサノオの荒ぶる力は、現在もなお、少しも衰えることなく、たしかに生きつづけているのである。

狸谷不動院、上御霊神社、比叡山をつなぐ一本のライン

おもしろい調査がある。

住宅金融公庫の調べによれば、家を建てるときに家相《かそう》を気にする人は五十二パーセント、気にしない人は四十八パーセントであるという。つまり、家相を気にする人のほうが、半分よりやや多いわけだ。家相といっても、ピンからキリまである。

「鬼門（北東）に玄関を作るのは良くありません」

と言われてみれば、たしかに北東の方角というのは日当たりが悪いから、玄関としてはふさわしくないだろうとは思う。

「玄関は運気の入るところだから、きれいにしておかなければダメですよ」

というのも、衛生観念としてなんとなくうなずける。

だが、あまりそれにこだわりすぎ、トイレはどこそこにとか、台所はどうだとかしつこく言われていると、まるで開運ハンコ（一時期、そんなものが流行《はや》りましたな）の押し売りをされているようで、うっとうしい気分になってくる。

タブーは気になるが、それにかまけてばかりもいられない――そのあたりが、現

代社会に生きるわれわれの、正直な感想である。

では、もし仮に、同じ調査を京都市内だけで実施していたなら、結果はどうなるだろうか。

おそらく、家相を信じる人がそうでない人を圧倒するはずだ。

京都は良《あ》くも悪しくも、古い習慣が残っている土地柄である。京の町並みを歩いていると、民家の鬼門に、方除《ほうよ》けの神社からもらってきた「清めの御砂《おすな》」が盛ってあるのをよく見かけるが、京の人々は家相、すなわち方位学に対し、極度に敏感な体質をもっているのである。

悪い方位をおそれ、対策をうまく講じて日々の暮らしを送る――そうした京都の人々の発想法には、そもそも、平安京を築いた桓武天皇のものの考え方が色濃く影を落としているのではないだろうか――。

桓武天皇が、平安京に遷都したのは延暦《えんりやく》十三年（七九四）。

南北三十八町、東西三十二町の、南北にやや長い碁盤目《ごばんめ》状の都城は、唐の都 長安《ちようあん》（現在の西安《せいあん》）をまねて造られた。

規模の大小こそ異なるが、都を築くときの気持ちは、現代のわれわれが新築のマイホームを建てるときのそれと、大差なかったはずだ。

無病息災、家内安全、子孫繁栄……。マイホームを建てるとき、誰しも胸のうちのどこかにそんな願いがある。ったにちがいない。

平安京造営にあたった人々も、当然、思いは同じだったにちがいない。

——平安京という都の名にも、この世を〝平安〟にとの願いが込められているのであろう。その平安の都を守るため、桓武天皇は都の東西南北に「岩倉」と「大将軍社」とを設け、呪的バリアでおおった。

だが、桓武天皇がおこなった方位固めは、それだけではなかった。

さきほども触れたように、方位に注目するならば、もっとも危険なのは艮《うしとら》（北東）の方角、すなわち〝鬼門〟である。鬼門はその名の通り、鬼や魔の入ってくる侵入口として人々に恐れられていた。

桓武はその鬼門を固めたのである。それも、神経質すぎるのではないかと思われるほど、周到《しゅうとう》な配慮をもって。

まずは、三九ページの図を見ていただこう。

これは桓武天皇が築いた壮大な〝魔界封じ〟の全貌《ぜんぼう》を、図にあらわしたものである。ご覧いただければ分かると思うが、天皇が住んでいた内裏《だいり》の北東方向に向かって多くの神社仏閣が集中している。

これらはすべて、桓武天皇が平安京の北東、すなわち鬼門を封じるために設置した〝魔界封じ〟にほかならない。

桓武天皇はまず、洛北《らくほく》の狸谷《たぬきだに》に邪を祓う霊力を持つ不動尊を祀《まつ》った。それが、《狸谷不動院》である。

狸谷不動院の由緒書には、

――ご本尊「不動明王」は、平安京城郭東北隅に鬼門守護として、桓武天皇勅願により祭祀された。

と書かれている。

桓武天皇は、さらに賀茂川べりの出雲路《いずもじ》に《幸神社《さいのかみのやしろ》》を置き、土地の古くからの産土神《うぶすながみ》であった《上賀茂《かみがも》神社》《下鴨《しもがも》神社》の社殿を大々的に造営し直して、鬼門を守る鎮守《ちんじゅ》とした。《上御霊神社《かみごりょうじんじゃ》》もやはり鬼門を守るために造られたものである。

なおも、鬼門ラインを北東方向に延長していくと、《比叡山延暦寺《ひえいざんえんりゃくじ》》につきあたる。この延暦寺は、唐から帰国した留学僧、最澄《さいちょう》が築いた平安京最大の鬼門を守護する霊場である。

これだけでも鉄壁《てっぺき》の備えと言えるだろうが、桓武はまだまだ安心しなかった。

〝鬼門〟すなわち艮《うしとら》（北東）の反対側は、坤《ひつじさる》（南西）といって、北東の〝鬼門〟に対し〝裏鬼門《うらきもん》〟と呼ばれている。この〝裏鬼門〟がやはり、鬼の侵入口なのである。

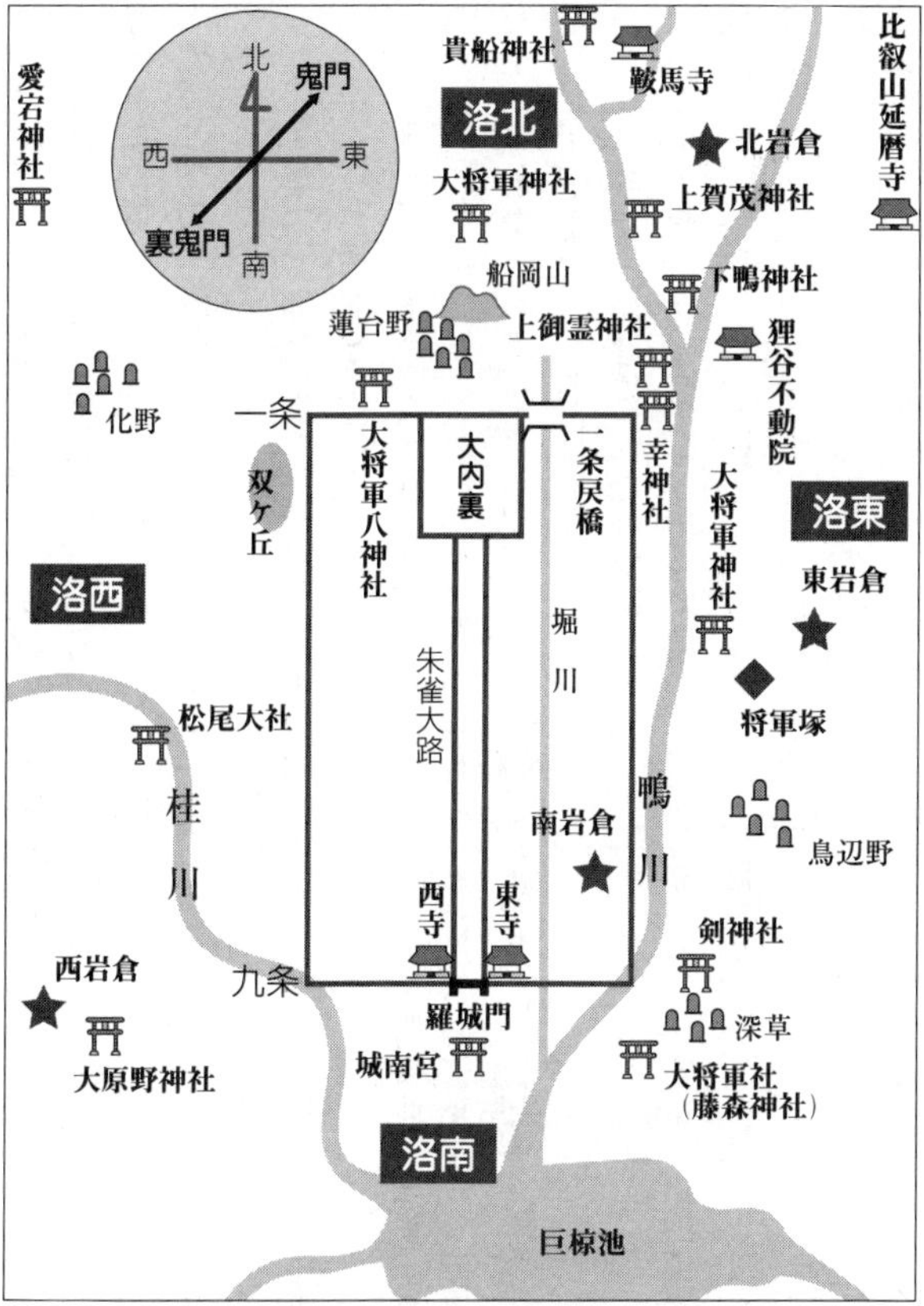

桓武天皇が築いた神社仏閣を並べてみると、ある方角に集中しているのがわかる。鬼門、すなわち鬼の侵入する北東ライン。桓武帝が〝侵入者〟を恐れている様が見えるようではないか。

〝裏鬼門〟の方向を固めたのは、桓武の皇后乙牟漏《おとむろ》の発願によって造営された《大《おお》原野《はらの》神社》。そして、洛南《らくなん》竹田の地に築かれた《城南宮《じょうなんぐう》》。いずれも、平安京の〝裏鬼門〟に位置している。

ここまで方位を気にしてくると、とことんまでこだわらずにいられないのが人情であろう。

艮《うしとら》（北東）、坤《ひつじさる》（南西）の対角線上には、それぞれ巽《たつみ》（南東）、乾《いぬい》（北西）という、かんばしからざる方位がある。

桓武天皇は、そのうちの巽（南東）を守るために、今熊野の地に宝剣を埋め、その上に神社を造った。これが《剣《つるぎ》神社》である。そして、乾（北西）の方角は、平安遷都以前からあった愛宕《あたご》山の《愛宕神社》を整備し、国家鎮護の意味を込めて〝愛宕護山大権現《ござんだいごんげん》〟と名付けた。

平安京を守る霊場はこれだけではない。

早くに失われてしまって、現在ではあとかたもないが、平安京の正門である《羅《ら》城門《じょうもん》》の二階楼上に〝兜跋毘沙門天像《とばつびしゃもんてん》〟を置いて魔物の侵入を見張り、その両脇を《東寺《とうじ》》《西寺《さいじ》》という二大寺院で固めて南方の守りとした。

さらに、北の守りとして《貴船《きぶね》神社》と《鞍馬《くらま》寺》を造営する。鞍馬寺にある〝兜《と》跋毘沙門天像《ばつびしゃもんてん》〟は、南を向いて左手をかざすという奇妙なポーズをとっているが、

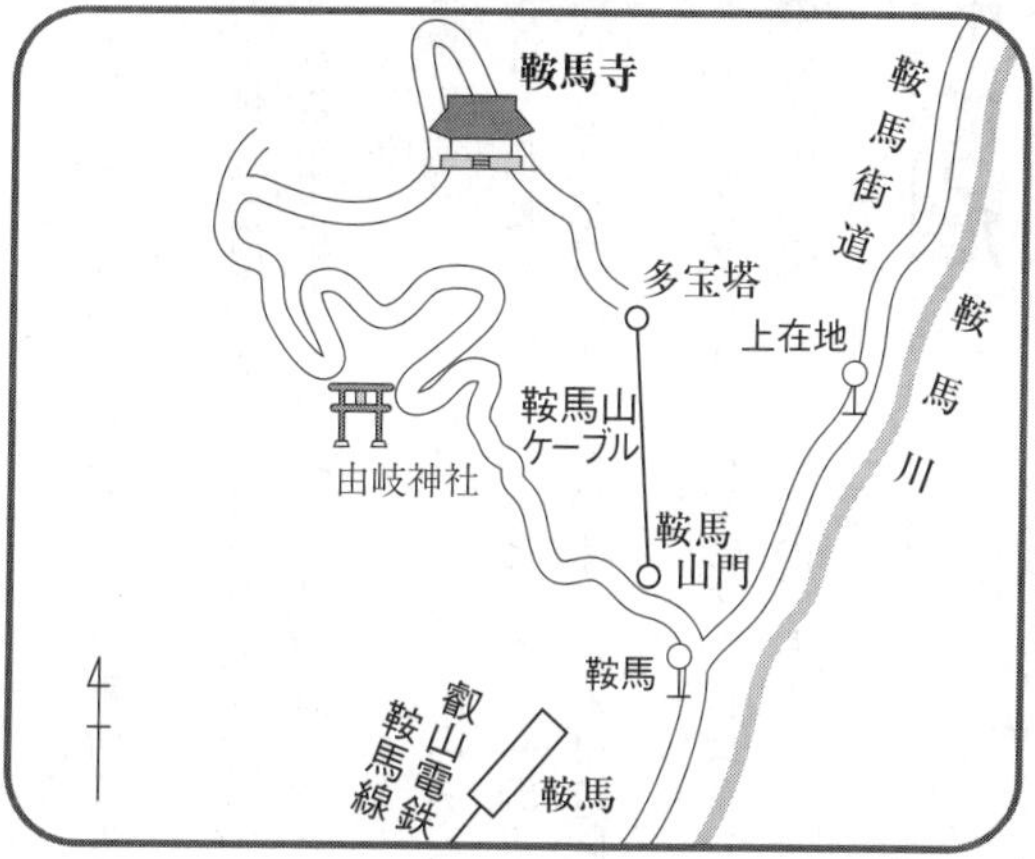

京都の北の果て、鞍馬寺にある毘沙門天は左手をかざし、南、つまり都の方向を向いていた。何者かの侵入を見張るように。

これははるか平安京を望み、魔物の侵入を監視しているのである。

まだ、ある。

内裏のほうを向いて建つ《東向観音寺《ひがしむきかんのんじ》》。これは、桓武天皇の勅願所《ちょくがんしょ》でもあった。

さらに、洛西の《松尾大社》。〝賀茂の厳神《げんしん》〟〝松尾の猛霊《もうれい》〟と東西並び称して恐れられた、京都でもっとも歴史が古いとされる産土神《うぶすながみ》を、桓武は王城鎮護の神として祀った。

東山三十六峰の華頂山《かちょうざん》に築かれた《将軍塚《しょうぐんづか》》も、〝魔界封じ〟のひとつである。

この将軍塚、天下国家に事変のあるときは、鳴動《めいどう》して知らせるといわれ、源平の合戦や南北朝の争乱のときには実際に鳴動したと記録に残っている。いわば危険警報システムといったところか。

それにしても、桓武天皇はなぜ、こうまでして平安京を完璧《かんぺき》に守らねばならなかったのか。そこには、血塗られた政治の裏面史が隠されていたのである。

桓武帝の狙いは〝超霊場都市〟だった

イギリス国王、トルコのスルタン、中国の皇帝――。

古今東西、どこの国の王家を見ても、皇位継承をめぐって血で血を洗う凄惨《せいさん》な争いが繰り広げられてきた。同族のなかでおこなわれるだけに、暗殺、謀略《ぼうりゃく》、幽閉《ゆうへい》、処刑など、その争いはひたすら暗い。

桓武天皇が、父光仁《こうにん》天皇の跡を継いで皇位についたときも、じつは一族内部で血みどろの争いがあった。

争った相手は自分の弟、他戸親王《おさべしんのう》。母がちがうので、ただしくは異母弟にあたる。

桓武（山部《やまべ》親王）の母が、山城の豪族 和 史乙継《やまとのふひとおとつぐ》の娘であったのに対し、他戸親王の母親は聖武天皇の皇女、井上内親王《いのえないしんのう》という身分の高い女性であった。両者のあいだには、草競馬の輓馬《ばんば》と中央競馬のサラブレッドくらいの差がある。

当然、皇太子には弟の他戸親王がたてられた。

母親の身分の差だけで、年下の弟に皇太子の座を譲らねばならなかった桓武の胸のうちには、鬱々《うつうつ》たる思いがあったにちがいない。

そんな桓武に声をかけてきたのが、朝廷内の重臣として力を持っていた藤原百《ふじわらのもも》川《かわ》であった。百川は、光仁天皇の皇后である井上内親王とその息子の他戸親王を失《しっ》脚《きゃく》させ、かわりに桓武を皇位継承者にすえるという陰謀を提案した。

桓武は一も二もなく百川の提案に乗った。

だが、やがてそれが、終生怨霊《おんりよう》に悩まされつづける陰惨《いんさん》な人生のスタートとなることまでは知るよしもない。

藤原百川の謀略により、天皇を呪詛《じゆそ》したという濡《ぬ》れ衣《ぎぬ》をきせられた井上内親王《いのえ》、他戸《おさべ》親王の母子は、大和国宇智《うち》（奈良県五條市）に幽閉され、三年後にその地で殺された。

桓武は望みどおりに皇太子となった。

しかし、これ以後、地震、飢饉《ききん》、疫病など、天災が相次ぎ、ことの原因は井上・他戸母子の祟《たた》りではないかと噂されるようになる。そのおりもおり、父の光仁天皇が病の床に伏し、つづいて桓武も重病に倒れた。

桓武は井上・他戸母子の祟りのせいだと恐れおののき、放置してあった井上内親王の墓を丁重に改葬《かいそう》して、そこに墓守《はかもり》を置くようにした。それでもなお、怪異がやまなかったため、罪人の大赦《たいしや》、悪霊祓《ばら》いの儀式をおこない、ついには桓武自身、仏門に入って得度《とくど》している。

この朝廷の混乱につけ込み、周防国《すおうのくに》（山口県）では、

「われは他戸皇子なり」

と称して、民衆を惑わす者まであらわれた。

そして、人心が極度の不安におちいったこの時期、桓武を擁立《ようりつ》した策士、藤原百川が頓死《とんし》した。『水鏡《みずかがみ》』はこの百川の死を、井上・他戸母子の怨霊によって取り殺されたものだと記している。

じつに、すさまじいばかりの怨霊の跳梁《ちようりよう》ではないか。

だが、この怨霊パニックも、陰謀の中心人物だった藤原百川の死によって一応の終わりをつげた。

天応元年（七八一）、父光仁の跡を継ぎ、桓武は皇位を継承した。天皇となった桓武は、陸奥《みちのく》の蝦夷《えみし》征討《せいとう》や新都長岡京《ながおかきよう》の建設など、新時代の幕開けとなる大事業を、つぎつぎと実行に移していった。

このころには、桓武自身の健康もすっかり回復しており、まさに順風満帆《じゆんぷうまんぱん》の船出に見えた。

が、じつはこのとき、新たなる騒乱《そうらん》の火種《ひだね》が天皇の身辺にくすぶりはじめていたのである。発端はまたしても皇位継承問題であった。

桓武天皇の皇太子には、父光仁の遺言で天皇の同母弟の早良《さわら》親王がたてられていたが、桓武はそれを廃し、自分の息子の安殿《あて》親王（のちの平城《へいぜい》天皇）に皇位を継がせたいと考えていた。

跡を継がせるなら、弟より、わが息子――子を持つ親であれば自然の感情であろう。だが、そのあまりにも人間的な欲望が、またしても天皇の周辺に怨霊の跳梁を再来させる結果をもたらしたのである。

延暦三年（七八四）、桓武天皇はいまだ造営途中の長岡京へ遷都を断行した。長岡京は山城国乙訓《おとくに》郡、すなわち、現在の京都府向日《むこう》市付近（京都市街からみて、桂川をへだてた南西の地）に造られた都である。

桓武はここを、みずからの新政の場に定めた。

だが、遷都の翌年、めでたかるべき新都の地で、都の造営長官であった藤原種継《たねつぐ》が何者かの手によって暗殺されるというまがまがしい事件が起こった。

種継は、桓武天皇を擁立した藤原百川の甥で、桓武自身の寵臣《ちようしん》である。

犯人は、当時、藤原氏と対立していた大伴《おおとも》一族。そして、その背後に皇太弟早良親王がいるとの噂がたった。

桓武天皇はここぞとばかり、弟の早良親王を糾弾《きゆうだん》し、皇太子の地位を剝奪《はくだつ》して乙訓寺《おとくにでら》に幽閉した。

早良親王が、じじつ陰謀の首謀者であったかどうかは分からない。幽閉後、親王は一方的な嫌疑《けんぎ》に抗議するため、十日あまり絶食し、壮絶な最期《さいご》を遂《と》げている。

憤死した早良親王の遺骸《いがい》は、配所と決まっていた淡路島へ運ばれ、そこに埋葬された。

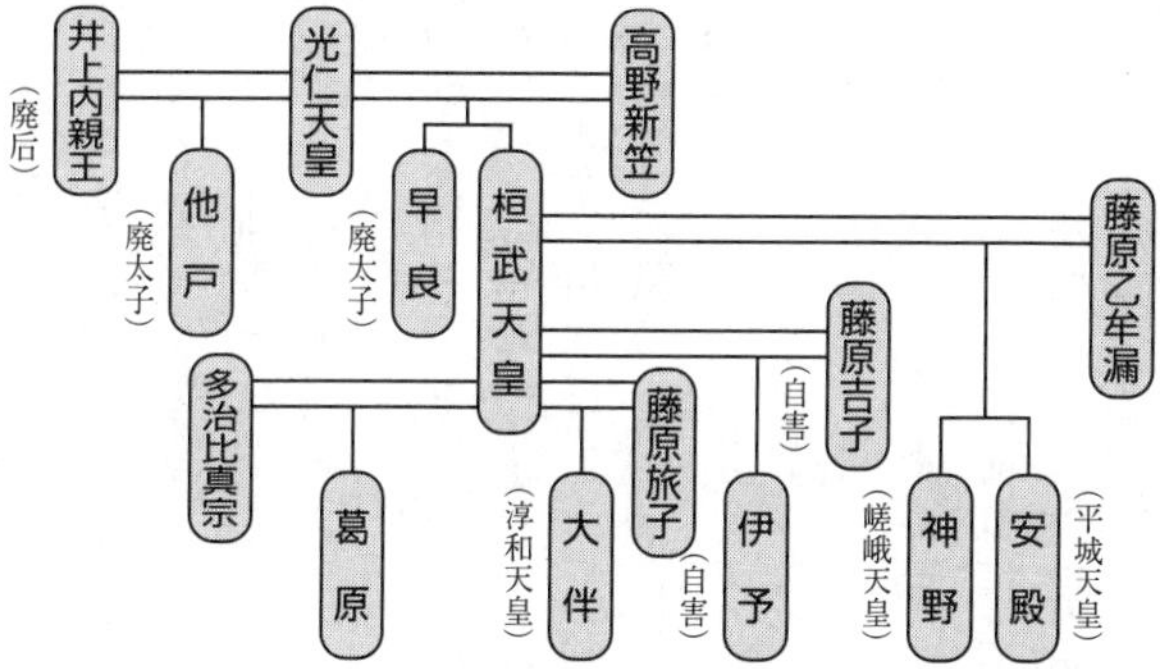

桓武天皇の系図。弟早良親王を追いやった後、藤原旅子、多治比真宗、高野新笠、藤原乙牟漏《おとむろ》、坂上又子をわずか3年のうちに桓武は失った。桓武帝が都を次々と移した真の理由がここにある。

かくして、おのが息子を皇位継承者にしようとする桓武天皇の前に邪魔者はいなくなったのである。桓武の第一皇子、安殿《あて》親王はその年のうちに立太子。桓武と一族は、わが世の春を謳歌《おうか》するかに思われた。

しかし——。

非業《ひごう》のうちに死んだ早良親王の祟りは、時を経《へ》ずして猛威をふるいはじめた。

事件から三年後の延暦七年（七八八）、桓武天皇の夫人藤原旅子《たびこ》（藤原百川の娘）が亡くなり、つづいて妃のひとり多治比《たじひの》真宗《まむね》が病死する。翌年、天皇の生母である高野新笠《たかののにいがさ》も世を去った。

さらに翌延暦九年、桓武の皇后藤原乙《おと》牟漏《むろ》（百川の姪）が薨去《こうきょ》。同年、妃の坂上又子《うえのまたこ》が死んだ。

桓武天皇はわずか三年のあいだに、母と四人の妻をつぎつぎ失ったのである。

これを祟りと言わずして何と言おう。

さらに追い打ちをかけるように、実の弟を憤死に追い込んでまで皇太子にたてた安殿《あて》親王が病の床に伏した。親王はその後、三年間、生死の境をさまようことになる。

社会的にみても、天然痘《てんねんとう》の流行、干ばつの発生、皇室の守り神である伊勢神宮の焼失など、桓武政権の根底をゆるがす禍事《まがごと》が多発した。

さすがの桓武天皇も、皇太弟早良親王の怨霊のすさまじさに戦慄《せんりつ》した。

桓武は淡路島にある早良親王の墓のまわりに深い水濠《みずぼり》を掘らせ、怨霊が墓から出ぬよう祈ったが、そんな小手先の処置ではまったく効果がない。

延暦十一年、桓武天皇はついに、造営したばかりの長岡京を捨て去る決断を下した。

怨霊の呪力《じゅりょく》の及ばぬ土地、怨霊の呪力を完璧に防御《ぼうぎょ》することのできる土地——と、臣下の者たちに慎重に土地を探させたすえ、ようやく見つけ出したのが現在の京都、すなわち平安京だったのである。

桓武は新都の造営をおこない、延暦十三年に遷都した。

それとともに、天皇は淡路の早良親王の墓前で祈禱をおこなわせ、荒ぶる死者の霊に〝崇道《すどう》天皇〟という追号を送った。さらにその魂をしずめるため、早良親王の墓がある淡路島に寺院を建立《こんりゅう》している。

桓武天皇が恐れたのは、早良親王ばかりではない。

さきにも述べたが、桓武にはみずからの皇位継承争いのとき屠《ほふ》り去った井上内親王、他戸親王という負い目を感じるべき母子がいる。

その配所であった大和宇智から二人の霊を勧請《かんじょう》し、早良親王の霊とあわせて祀《まつ》ったのが、いまも賀茂川近くの出雲路《いずもじ》に森閑としたたたずまいをみせる、《上御霊神社《かみごりょうじんじゃ》》にほかならないのである。

桓武天皇は、平安京につぎつぎと〝魔界封じ〟をほどこした。その複雑にからみあった封じの数々は、ほとんど狂気の沙汰《さた》ともいえるものである。

桓武天皇はなぜ、平安京を厳重に守らねばならなかったのか――天皇の血ぬられた半生と、同族に対する罪の意識、怨霊への恐怖を考えるとき、はじめてその謎が解き明かされてくる。

怨霊の恐怖からみずからの身を守るため、桓武天皇が呪的バリアをはりめぐらした〝超霊場都市〟――それが平安京の正体だったのである。

2 高僧、最澄が鬼を送り軍神、田村麻呂に"魔界"への秘密指令が……

——戦慄の四大魔所と謎の大図形〈北斗七星〉

桓武帝から最澄への秘密指令

桓武天皇が怨霊をおそれ、みずから造営した新都平安京を複雑な呪術装置ですっぽりとおおったことは、すでにくわしくのべてきた。

その呪術バリアの壮大さに、われわれは驚かされもした。

しかし、である――。

これくらいで驚いてもらっては困る。

これまで私が示してきたのは、いわば序の口、誰の目にも明らかな呪術封じであった。京の四方に岩倉《いわくら》が造られ、大将軍と名のつく神社が建てられ、鬼門《きもん》（北東）にお寺や神社が建てられれば、

「ああ、怨霊退散のためにやっているのだな」

と、見る者にはわかる。

造ったほうも、それを隠そうとはしない。つまり、オープンな呪術封じというわけである。だからこそ、われわれは今もそれらの霊場を観光地として訪れることができるし、寺社の縁起をひもとけば、それが桓武天皇が呪術封じのために造営した

ものだという事実をたしかめることもできる。

だが、考えてみてほしい。

どんな世界でもそうだが、本当に大事なことを、それほどかんたんに人目にさらすだろうか。

たとえば武道の世界を思い合わせてみればいい。

世に名高い剣術家、塚原卜伝《つかはらぼくでん》はその生涯に千人の弟子をとり、自分の技を教えた。ただし、かれ自身が編み出した最高の技、「一《ひとつ》の太刀《たち》」は唯一、免許皆伝《めんきょかいでん》を与えた者だけに、口伝《くでん》で伝えたとされる。それゆえ、「一の太刀」は後世に伝承されず、いつしか幻の技となった。

武道の世界だけではない。和歌の世界でも事情は同じだ。

〝古今伝授《こきんでんじゅ》〟と呼ばれる和歌の口伝《くでん》は、秘密裡《り》に口伝えで受け継がれ、戦国時代には細川幽斎《ゆうさい》がそれを伝授していた。関ヶ原合戦のとき、丹後《たんご》田辺城に籠城《ろうじょう》していた幽斎《ゆうさい》は、西軍の軍勢に囲まれて危うく討ち死にするところだったのを、〝古今伝授〟をしていたがために天皇の勅命によって救われたというエピソードもある。

口伝とか秘伝というものは、日本の歴史において、つねに大いなる意味を持っていた。人知れぬところで、脈々と生きつづけていたのである。

桓武天皇は、万人にわかる形で〝魔界封じ〟をおこなったが、それはあくまで表の封じに過ぎなかった。

じつは、桓武はこの表の封じの裏に、万人にそれとわからせない形での、隠れた〝魔界封じ〟を造ることを命じていたのである。

――裏封じ

と、筆者はこれを名付ける。

では、その〝裏封じ〟とは、具体的にいったいどのようなものなのか。

それを語る前に、桓武天皇の平安京造営に、宗教、軍事の両面から深くかかわった二人の人物の名を思い起こしてもらいたい。

高校の歴史の教科書などにも載っていると思うが、桓武天皇を宗教面からバックアップしたのは、比叡山延暦寺を開いた高僧、

「伝教大師《でんぎょうだいし》最澄《さいちょう》」

そして、軍事面での大きな成果をもたらしたのは、蝦夷《えみし》征討を成し遂《と》げた武人、

「征夷大将軍《せいいたいしょうぐん》坂上田村麻呂《さかのうえのたむらまろ》」

この両人の活躍なくして、桓武政権の安定はなかったと言っても過言ではない。

いわば、この二人は天皇の手足となって働いた腹心の部下たちなのである。

桓武天皇は、自分がもっとも信頼を置く最澄と坂上田村麻呂の二人に、ある秘密指令を下した。

秘密指令とはすなわち、

――密勅《みっちょく》

である。

桓武天皇は、平安京の〝裏封じ〟をこの両名の者に設置させるべく、密命を下したのだった。

最澄と田村麻呂のほどこした〝裏封じ〟は、表面上、決して人目にはつかない。しかしながらそれは、表の封じをはるかに上まわるほど強力で壮大な規模のものである。

それはどのようなものか。

まずは、比叡山における最澄の呪術封じのほうから見ていきたい。

僧侶たちが今なお近づかない四大魔所

世間一般にはほとんど知られていないことだが、比叡山の僧侶たちのあいだには、代々ひそかに語り継がれている言い伝えがある。

たとえば、戦国時代、比叡山が織田信長《おだのぶなが》の手で焼き打ちにあったとき、

「北の仰木《おおぎ》口を守っていた羽柴秀吉《はしばひでよし》（豊臣秀吉）だけは、こっそり坊主を逃がしてくれたんや。そのおかげで、比叡山のだいじな曼荼羅《まんだら》や経典は無事に運び出すことができた」

というような、歴史書には載っていない驚くべき話も伝わっている。

伝教大師最澄の開山以来、一千年の長きにわたり、法灯《ほうとう》を守ってきた比叡山である。そこに伝えられる口伝《くでん》のなかには、歴史の闇に埋もれてしまった事実をするどく衝いている逸話も多い。

そうした、人知れず語り伝えられている口伝のうちのひとつに、

「比叡山四大魔所」

というのがある。

〝四大魔所〟とは、比叡山の僧侶たちが恐れて、めったに近づかない場所のことで、筆者にその話を教えてくれた僧侶は、

「あれは、うす気味の悪い所やで」

と、ものにおびえたように眉《まゆ》をひそめた。

不信心者の筆者には、いったい何が恐ろしいのか、そのときは理解できなかった。だが、よく考えてみると、聖なる霊場である比叡山に妖気ただよう魔所が四つも口をあけているとは、たしかにただごとではない。

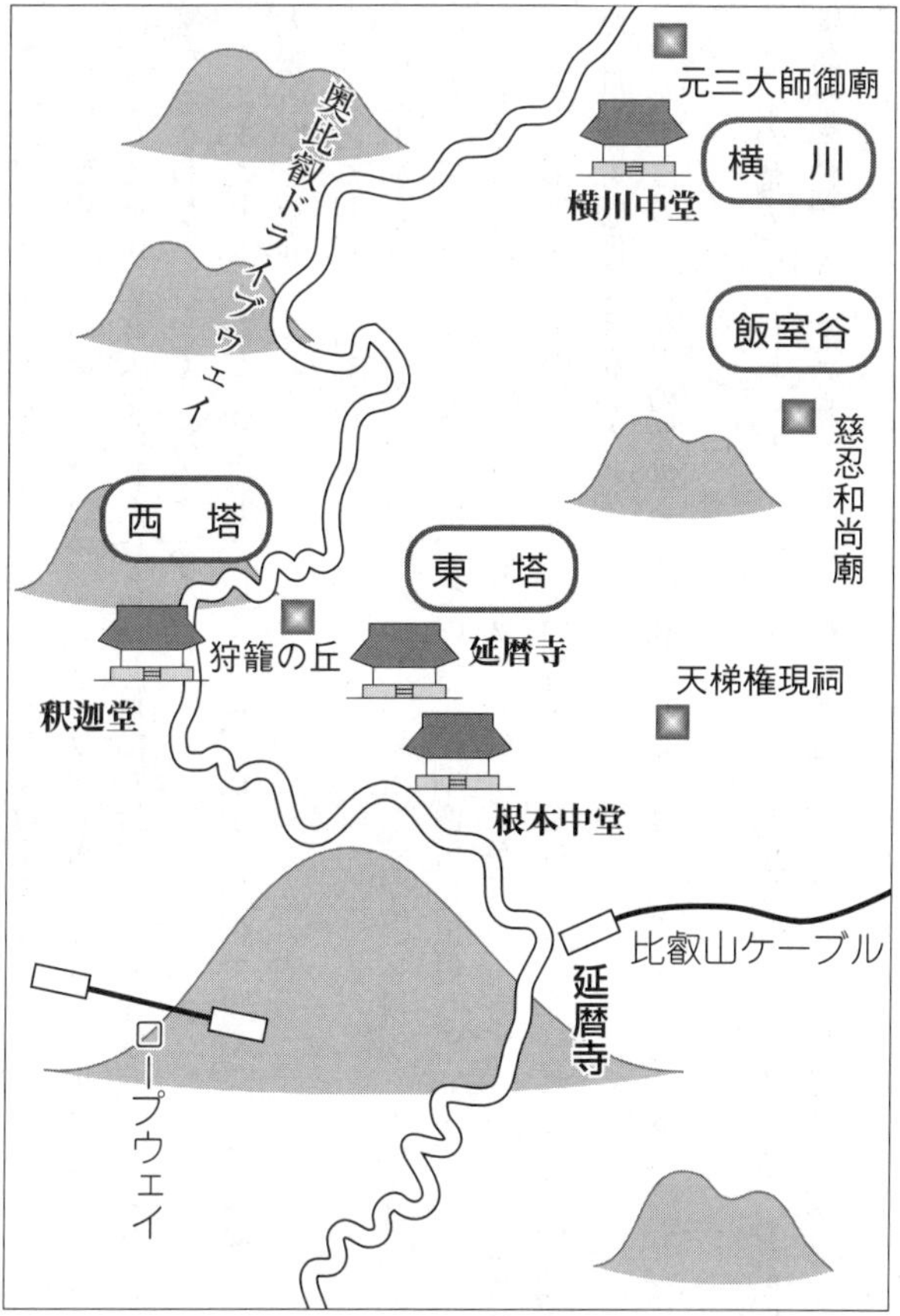

訪れる人もいない比叡山の山深く隠れる四大魔所。元三大師御廟に立つと、琵琶湖からのつむじ風が巻き起こった。

これは何かある、と考えるのは筆者ひとりではあるまい。

叡山の僧侶たちのあいだにひそかに語り伝えられる「比叡山四大魔所」――じつは、それこそが桓武天皇の勅命により、最澄がほどこした平安京の〝裏封じ〟と密接なかかわりを持っていたのである。

そのあたりをくわしく検証していく前に、叡山《えいざん》の僧侶ですら恐怖するという〝四大魔所〟を紹介しておこう。

まず一つ目は、《狩籠《かりごめ》の丘》。

比叡山延暦寺は、南から北へ向かって〝東塔《とうとう》〟〝西塔《さいとう》〟〝横川《よかわ》〟という三つの地域に分かれているが、狩籠の丘は、その真ん中の西塔に位置している。

いまでは、丘のすぐ横を奥比叡ドライブウェイが通っていて、あたり一帯は芝生《しばふ》のはえた閑静な公園のようになっている。それと教えられなければ、その丘が魔所だとは誰も想像できないだろう。

だが、この一見なんの変哲《へんてつ》もない丘が、じつは身の毛もよだつ妖《あやか》しの丘なのである。

叡山の歴史にくわしい元三大師堂《がんざんだいしどう》の住職、清原恵光師の話によれば、狩籠の丘は別名「魑魅《ちみ》魍魎《もうりょう》狩籠の丘」といい、魑魅魍魎を狩ってここに閉じ込めたところという。

だから、その丘を不用意に汚《けが》すと、呪縛《じゅばく》が解けて魑魅魍魎が跋扈《ばっこ》するそうである。

その言い伝えを裏付けるように、丘の草地には今も、魑魅魍魎を封じ込めた印《しるし》が残っている。

それは、ピラミッド型をした三つの尖《とが》り石で、高さはそれぞれ一メートル。方位磁石を当ててみると、ひとつは真南、ひとつは真北、ひとつは真東にあり、一辺九メートルの正三角形を描いていることがわかる。

おそらく、その三つの尖り石が形作る正三角形の中央に魑魅魍魎は封じ込められているにちがいない。

荒行で知られる千日回峰 行者《せんにちかいほうぎょうじゃ》は、深夜、四十キロあまりも比叡の山中を歩きまわるが、途中、この狩籠の丘を通る。

行者は狩籠の丘で手にした提灯《ちょうちん》のロウソクを取り替える。そして、古いロウソクを尖り石の横に立てて、法華経《ほけきょう》を唱えながら歩き去るのである。

行者がおこなうのは、魑魅魍魎鎮魂《ちんこん》の儀式である。

それくらい用心しなければ、修行を積んだ回峰行者でさえ魔にとりつかれてしまう恐ろしい場所なのだ。

第二の魔所は《天梯権現祠《てんだいごんげんぼこら》》。

場所は東塔。麓《ふもと》の坂本へ下る本坂《ほんざか》（昔の表参道で、いまはすっかり荒廃している）の途中、亀堂《かめどう》と呼ばれる御堂の裏山にある。

あたりはヒノキが生い茂り、昼でも暗い不気味な場所である。

私は二度ばかりそこをたずねたことがあるが、なんと二度とも、金髪の外国人が木立のなかから地図を持ってあらわれたのには驚いた。

近くには見るべきものは何もない、ただの暗い林である。日本人観光客など、とても近づかないようなところだ。

天梯権現祠の横には、天を衝くようなヒノキの老木がそびえたっている。おそらくそれが、天梯権現の降り立つ神木であろう。

天梯権現祠のある山には、天狗《てんぐ》がすんでいると言われる。じっさい、天狗の姿を見たという僧侶もいるらしい。

天狗は仏道修行をさまたげる魔物で、密教僧の敵とされていた。

寺務所にいた僧侶のひとりからこんな話を聞いた。

「天梯権現の麓の亀堂、あそこに昔、修行僧が住んでおってな、朝起きるといつも、枕が足のほうにあったそうや。天狗のいたずらやろうな」

魔所の第三は、《元三大師御廟《がんざんだいしみみょう》》。

元三大師とは、比叡山の中興の祖、良源上人《りょうげんしょうにん》のことである。

平安時代中期に第十八代天台座主《ざす》に任じられた良源は、比叡山の教学を振興《しんこう》するかたわら、老朽化していた諸堂を復興し、比叡山の全盛期を生み出した。

元三大師の名は、良源が正月三日に薨去《こうきょ》したことからつけられた俗称である。

その元三大師の御廟、すなわち墓所は、比叡山の北はずれ、横川《よかわ》の元三大師堂の裏手にある。

廟所のまわりは、六メートル四方の玉垣《たまがき》で囲われていて、なかにキノコ型をした墓石が立てられている。元三大師は死にのぞんで、自分の墓所は決して掃除《そうじ》をするなと遺言したため、大師の遺命どおり、玉垣のなかは今も手入れがされないまま、草がぼうぼうに生い茂っている。

元三大師堂にいた尼僧が、

「天下に事変があるとき、風がピューピュー音をたてて御廟のまわりを巻いて吹くと申します」

と、教えてくれた。

そんなことがあるのかと思ったが、じっさい、元三大師御廟の前に立ってみると、あたりの木々が不気味にざわめき、風が巻いているのがわかる。

「すわ、天下の一大事だ」

と、私は青くなった。

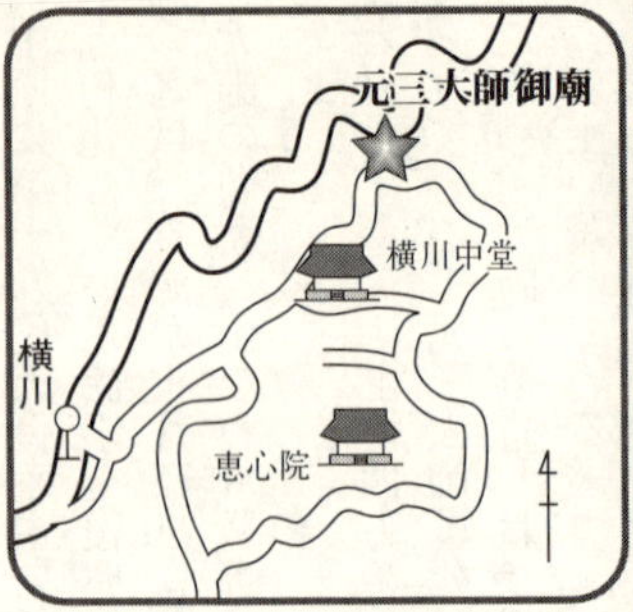

すぐ裏が琵琶湖へ続く絶壁にある元三大師《がんざんだいし》御廟《みみょう》

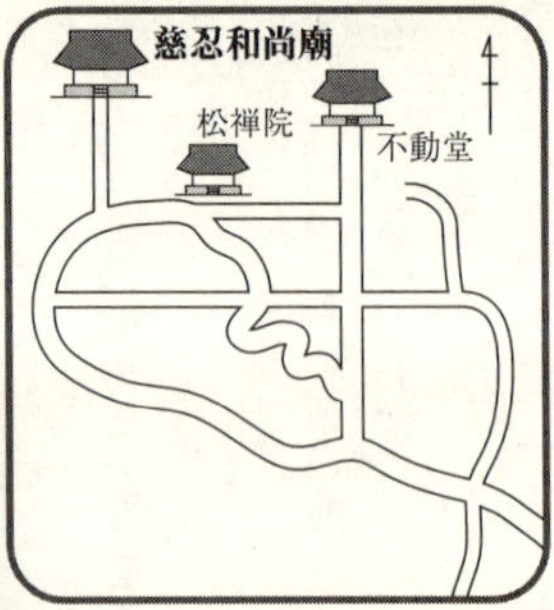

魔道に身を落とした慈忍和尚が眠る飯室谷《いいむろだに》の慈忍和尚廟

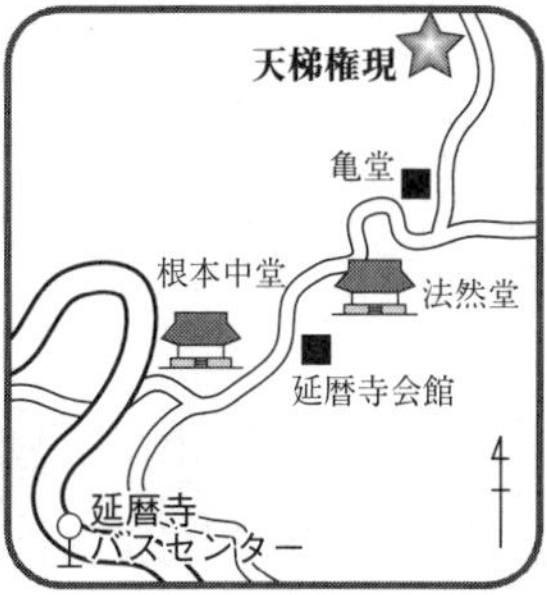

天に届くヒノキの神様——天梯権現《てんだいごんげん》の巨木が横に

魔物が封じられているという狩籠の丘

比叡山の僧侶たちの間に口伝され続けた四大魔所。「あれは薄気味の悪いところやで」眉をひそめた僧侶の声が今も耳に残る。

だが、冷静になってあたりを見まわすと、墓所は北に突き出た台地の先端に位置していて、背後の切り立った断崖《だんがい》から絶えず風が吹き上げてくるのだ。

何のことはない、風が巻いているのはそのせいだったのである。

それにしても、比叡山を復興した名僧の墓が〝魔所〟のひとつとは、なんとも不思議な話ではないか。

第四の魔所とされる《慈忍和尚廟《じにんかしょうびょう》》にしても、そうである。

元三大師良源の高弟のひとり、慈忍和尚（比叡山では和尚《おしょう》ではなく、和尚《かしょう》と呼ぶ）の墓は、横川のなかでも麓に近い飯室谷《いいむろだに》にある。

椿《つばき》や椎《しい》などの樹木がうっそうと茂る暗い原生林につつまれたその墓所は、元三大師御廟と同じく、犯すべからざる魔所として叡山の僧侶たちに一種畏敬《いけい》の念をもって眺められている。

たしかに、その木暗い墓の前に立つとき、なにやら冷たい霊気のようなものが漂っているのを肌で感じる。

しかし、それだけでは、叡山屈指《くっし》の高僧の墓が〝魔所〟と呼ばれていることの説明にはなるまい。

「狩籠の丘」と「天梯権現祠」、そして二人の高僧の墓所——この比叡山四大魔所と、最澄がおこなった平安京の〝裏封じ〟とはいかなる関係にあるのか。

謎はいっそう妖《あや》しさを増してくる。

比叡山最北の地に墓を建てた高僧の狙い

比叡山延暦寺《ひえいざんえんりゃくじ》の開祖、最澄《さいちょう》の出身地は近江国《おうみのくに》（滋賀県）である。

その湖国近江は、ちょうど比叡山をへだてて、京の反対側にあたる。京から東山を眺めると、比叡の峰がひときわ抜きん出て高く見えるように、近江から眺めた比叡の峰もやはり高い。

近江の人々は、古くから比叡の峰を霊峰《れいほう》としてあがめてきた。

若き日の最澄が、ただひとり比叡山にのぼって修行を積んだのも、その峰を見上げながら育った生い立ちを考えれば、ごく自然なことであったろう。

ところが——。

最澄が山中の庵《いおり》で孤独な修行を積んでいたとき、峰の反対側の京都盆地では、国を挙げてのたいへんな事業がはじまろうとしていた。

平安京の造営である。

造営長官は藤原小黒麻呂《ふじわらのおぐろまろ》。もちろん、小黒麻呂は、桓武天皇が弟たちの怨霊に極度に神経質になっているのを知っていた。造営長官という立場上、呪的バリアで新京をおおうという壮大な計画にも加わっている。

小黒麻呂は、平安京造営の検分におとずれた桓武天皇に向かい、

「あの峰をご覧くださいませ」

と、東山の高峰《こうほう》、比叡山を指さした。

「あれなる高峰。都の艮《うしとら》（北東）、すなわち鬼門にあたります。あの鬼門の峰に、都を守るべく、一大霊場を築かれてはいかがでしょうか」

「築くのはよい。だが、いったい誰に寺を守らせればよいのだ」

と、桓武天皇はその人選に頭を悩ませたことと思われる。

というのも、桓武天皇は、七十年あまりにわたってつづいた奈良盆地の平城京《へいじょうきょう》から、長岡京、平安京と都を移したことからもわかるように、東大寺や興福寺《こうふくじ》といった政治的影響力を持つ奈良の大寺院が嫌いであった。

そのため、平安京に遷都《せんと》したのちも、それらの大寺院を新しい都に移転させるつもりはなかった。

できるなら、今までにない新しい仏教を身につけた者に、新都の宗教的な守護を託したいという気持ちが桓武のなかにはあった。

そこで、藤原小黒麻呂が進言していわく、

比叡山開山の祖として知られる最澄、桓武帝より重大な密命を受けていた。

「あの比叡の峰で、ただひとり修行する者がおると聞きます。最澄という無名の僧侶ですが、これが〝密教《みっきょう》〟という唐土《もろこし》伝来の新しい仏教を身につけているとか」

密教では、苦しい修行を積むことにより、人間本来が持つ仏性《ぶっしょう》を磨《みが》くというのが教義になっている。

千日回峰行《せんにちかいほうぎょう》
二千日籠山《にせんにちろうざん》

など、密教僧が人間の常識をはるかに超えた苦行を積み、極限まで肉体をいためつけるのは、自分の心のなかに眠る仏性を開眼《かいげん》させるためにほかならないのである。

苦しい行をおこなううちに、なかには潜在能力が顕在化《けんざいか》し、超能力を発揮しはじめる者もいる。その例についてはあとで述べるが、最澄自身も何らかの能力を身につけていた可能性が高い。

小黒麻呂の提案に対し、桓武天皇はさっそくその若き僧侶、最澄を連れてくるように命じた。

桓武天皇は最澄と会見した。

厳しい修行によってこけた頬《ほお》、研《と》ぎ澄まされた鋭い眼光。世俗にまみれた南都の僧侶とはまったく異質の雰囲気に、桓武天皇は圧倒されたにちがいない。

これこそ自分が求めていた人物だと考えた桓武天皇は、最澄を大抜擢《ばってき》した。

京の鬼門、比叡山に一乗止観院《いちじょうしかんいん》(のちの延暦寺根本中堂《こんぽんちゅうどう》)という道場を建ててやり、さらに海をへだてた唐《とう》の国へ官費で留学させ、密教の教学を学ばせた。

二年後、最澄が唐から経典をたずさえて帰国したとき、桓武天皇は病《やまい》の床についていた。

最澄は天皇の病気平癒《へいゆ》を祈って、加持祈禱《かじきとう》をおこなったが、病は日ましに重くなるばかりである。

桓武天皇から密勅が下されたのは、おそらくそのときであろう。

桓武は最澄に向かい、

「平安京の鬼門を鎮める比叡山を、一命を賭《と》して守り抜け。そのためには、いかなる手段を講じてもかまわない」

と、遺命したことと思われる。

この場合、いかなる手段を講じてもよいというのは、通常、仏教の世界からは異端視されている外道《げどう》、魔道《まどう》などの、いわゆる黒魔術系統の呪法を用いてもかまわない、と解釈すべきである。

たとえその身は魔道に落とそうと、必ずや都を守り抜け――なんともすさまじい密勅ではないか。

さきに筆者は、聖なる比叡山に魔所と呼ばれる場所がなぜ存在するのか、不思議だと述べた。

その疑問も、平安京の存続に賭ける桓武天皇の執念を思い合わせると、しだいに答えが見えてくる。

〝比叡山四大魔所〟は、聖なる比叡山を魔物の侵略から守るためにつくられた呪術装置なのだ。

たとえば《狩籠《かりごめ》の丘》。

狩籠の丘には、魑魅魍魎《ちみもうりょう》が封じ込められているという。いったい何のためにそんなことをするのか。

理由は簡単である。

魔によって魔を追い払う——すなわち、狩籠の丘に封じ込めた魑魅魍魎の呪力により、魔物の侵入を阻止するためだ。逆療法というわけである。比叡山に伝わる言い伝えによれば、伝教大師《でんぎょうだいし》最澄は、都の巽《たつみ》（南東）にすむ魔物を狩って艮《うしとら》（北東）に埋めたとある。魔物を埋めた艮とは、当然、比叡山のことであろう。

最澄は魔物を狩り、比叡山に封じた。

比叡の山では黙して語らぬが、その場所は四大魔所のひとつ「狩籠の丘」以外には考えられない。

となれば、《天梯権現祠《てんだいごんげんほこら》》の意味もおのずと明らかになってくる。おそるべき呪力を持つ〝天狗〟の力により、表参道の本坂から侵入してくる魔物を封じようとしたのである。

たしかな証拠はないが、あるいはこの魔所をつくったのも、最澄自身であったかもしれない。

比叡山を守ることは、すなわち京を守ることに等しいと言ってもいい。叡山《えいざん》滅びるとき、京の都もまた滅びるのである。

おそらく、最澄に課せられた密勅は、代々、比叡山の僧侶の頂点に立つ天台座主《てんだいざす》に受け継がれていったにちがいない。

最澄の時代から二百年後、第十八代天台座主、元三大師《がんざんだいし》良源《りょうげん》のときに、比叡山は〝三千坊〟といわれるほどの未曾有《みぞう》の繁栄を誇るようになる。

その元三大師、じつは異様な別名を持っている。

――降魔大師《ごうまだいし》

というのがそれである。

降魔とは、読んで字のごとく「魔を降《くだ》す」の意味である。

さきに、密教の修行により、特異な超能力を身につけた僧侶がいたと書いたが、この元三大師も典型的な超能力僧のひとりであった。

横川《よかわ》の元三大師堂へ行くと、本堂の長押《なげし》のところに、降魔大師こと元三大師の異様な能力を伝える板絵がいくつもかかっている。あまりに沢山あり、ここではとても書ききれないので、興味のある方は実際に比叡山へ行ってご覧になるといい。

元三大師は魔物と戦うとき、降魔の姿に変身した。

その姿を、元三大師堂ではお札《ふだ》として配っている。

七三ページに挙げた写しを見てもらえばわかると思うが、実に異様な姿である。

このレントゲン写真のようなお札は、

〝角大師《つのだいし》〟

と、一般に呼ばれている。

というのも、大師の頭に角があるからで、角があるとはすなわち鬼のことであろう。元三大師は鬼に身を変えて魔物と戦ったことになる。

《元三大師御廟》が魔所と呼ばれる理由は、すでにお分かりいただけたのではないかと思う。

鬼の姿になってまで比叡山を守ろうとした元三大師。その墓からは、当然、強烈な魔力が発せられている。だから、魔所なのだ。

この筆者の推論を荒唐無稽《こうとうむけい》と笑ってもいい。

だが、つぎに挙げる事実だけは消えはしない。

元三大師の廟のある横川は、比叡山全体の鬼門の方角にあたるため、昔からことに神聖視されていた。そして、さらによくよく地図を眺めてみると、その横川にある元三大師の廟所は、なんと横川全体の鬼門に位置しているではないか――。

つまり、比叡山は京の鬼門。横川は比叡山の鬼門。元三大師御廟は、横川の鬼門にあたっているのだ。

言ってみれば、平安京の鬼門中の鬼門、これを見ただけでも《元三大師御廟》というのがいかに重要な位置にあるかご理解いただけると思う。

さきほども書いたが、元三大師の廟所の裏側は断崖になっている。そこには北風が吹きつける。そこより北に建物はない。比叡山最北の地である。

角大師のお札の置かれている元三大師堂

骨だけの鬼の姿になった比叡山の高僧・元三大師《がんざんだいし》。疫病を食い止めるためその姿（角《つの》大師）になったといわれている。

その最果てともいうべき地に埋められることを望んだ元三大師は、自分の墓を決して掃除してはならぬと遺言した。草ぼうぼうに墓を荒れ果てさせてこそ、鬼門を守る魔所としての効験《こうげん》を最大限に発揮できると考えていたのである。

元三大師は、鬼門中の鬼門にみずからの亡きがらを埋めることにより、横川を、比叡を、そして京の都を守りつづけようとはかったのだ。

鬼に身を変えて山を守る高僧——なんとも戦慄すべき話である。

だが、その元三大師の弟子の慈忍和尚《じにんかしょう》のやったことはさらにすさまじい。慈忍はなんと、仏教徒としては破戒《はかい》に等しい〝魔道〟にみずからの身を落としてしまったのである。

比叡山の東塔に、「総持坊《そうじぼう》」という古い坊舎がある。

その玄関の前に立ち、軒を見上げてほしい。

そこに、一枚の板絵がある。長年の風雪のためにかなり薄れてはいるが、板絵には奇怪な〝一つ目小僧〟が描かれている。

比叡山ではそれを、

「一眼一足《いちげんいっそく》」

と呼んでいる。

その一眼一足こそ、じつは、魔道に身を落とした慈忍和尚の姿なのである。

一眼一足という恐ろしい姿となって比叡山を守る高僧慈忍和尚。古い坊舎である総持坊には、その手に持っていたという赤い杖が今もたてかけられていた。

慈忍は死して比叡山を守るため、一つ目の妖怪に姿を変え、夜な夜な比叡の山中を徘徊《はいかい》しているのだという。魔道に身を落としてまで山を守る。なんという強烈な目的意識であろう。それは、そもそも比叡山という山が、京を守り、国を守るという重大な使命を帯びていたことに端《たん》を発している。最澄に下された桓武天皇の密勅は、比叡山の僧侶のあいだに脈々と受け継がれていたのである。

かつて、この比叡の山中で早稲田大学の女子学生が浮浪者に殺害されるという痛ましい事件があった。

現場となったのは、西塔と横川を結ぶ寂しい古道で、すぐ近くには、

――玉体杉《ぎょくたいすぎ》

と呼ばれる神木が生えている。

〝玉体〟とは、すなわち〝天皇〟のことである。

千日回峰行者は、深夜、女子学生が殺害されたこの「玉体杉」のところまで来ると、手にした提灯《ちょうちん》を道端に置き、かつて天皇のいた京都御所の方角に向かって加持《かじ》祈禱《きとう》をする。

同じころ、木屋《きや》町や祇園《ぎおん》あたりの路地では、自分の生き方に嫌気がさした酔漢《すいかん》たちがへどを吐いているにちがいない。

その夜の京の町に向かって行者は祈禱する。

なにやらめくるめくほど妖《あや》しい光景だが、それが比叡山というものの本質なのである。

坂上田村麻呂は蝦夷と戦ったのではなかった

桓武天皇は平安京の守りを完璧なものにすべく、最澄に密勅を下した。

それにこたえ、密教呪術者最澄は比叡山におそるべき〝裏封じ〟をほどこした。

だが、桓武天皇が密勅を下した人物は、最澄のほかにもうひとりいる。それが、

征夷大将軍 坂上《さかのうえの》田村麻呂《たむらまろ》である。

坂上田村麻呂といえば、読者の皆さんは何を連想されるだろうか。

〝古代最強の武人〟

〝陸奥《みちのく》の蝦夷《えみし》を平らげた英雄〟

さまざまな称賛の言葉をもって、田村麻呂の武勇はたたえられている。

だが、かれがおこなったのは合戦のみにあらず。じつは坂上田村麻呂は桓武天皇が命じた平安京〝裏封じ〟の強力な推進者だったのである。

おや、と思われる方も多いだろう。

密教呪術者であった最澄ならいざしらず、田村麻呂のような武人が、なぜ呪術封じなどにかかわっていたのか――。

それは、古代においては、「軍事」と「呪術」が、つねに表裏一体の関係にあったからにほかならない。

敵を破るということ、それは相手の荒ぶる魂を鎮《しず》めることでもある。敵地を征服することはまた、荒ぶる地霊を鎮めることにも通じる。

だから、かつて大和《やまと》朝廷で軍事をつかさどっていた物部《もののべ》氏や大伴《おおとも》氏は、武芸のみならず、鎮魂《ちんこん》の呪法《じゆほう》を身につけていた。

それが武人としての当然の心得であったのだ。

むろん、征夷大将軍に任じられた坂上田村麻呂も、鎮魂の呪法を身につけていた。

延暦二十年（八〇一）、田村麻呂は桓武天皇の命により大軍をひきいて陸奥遠征におもむいた。

表向き、陸奥の蝦夷を征討《せいとう》するのが目的であったが、じつはそのほかに、平安京の〃裏封じ〃をおこなうという重大な役目が課せられていたのである。

日本地図を広げてみると、田村麻呂が遠征した陸奥は、平安京の北東、すなわち、

――鬼門

にあたっていることが分かるだろう。いまでも、かの地を「東北地方」と呼ぶのはそのためである。桓武天皇は坂上田村麻呂に陸奥征討を命じた。なぜなら、陸奥が平安京の〃鬼門〃だったからである。

蝦夷という鬼を平らげ、その亡きがらを塚に埋めて封じることにより、鬼門の守りとする――それは、最澄が魑魅魍魎《ちみもうりょう》を狩って京の鬼門にあたる比叡山の狩籠の丘に埋めたのと、まったく同じ論理である。魔をもって魔を制するわけだ。

田村麻呂の場合、京から遠くはなれた陸奥を舞台にしているだけに、そのスケールがはるかに壮大になってくる。

蝦夷《えみし》討伐の貢献者だけではなかった坂上田村麻呂。実は彼には桓武天皇直々に重大な使命が課せられていた。

たとえば、岩手県平泉《ひらいずみ》の近くにある達《たっ》谷窟《こくのいわや》は、蝦夷最強の首長であった悪路《あくろ》王《おう》（アテルイ）が最後まで立てこもったところだが、田村麻呂は悪路王との合戦が終わると、そこに「毘沙門堂《びしゃもんどう》」を築いている。

また、蝦夷と朝廷軍の激戦場となった胆沢城《いざわじょう》の近くには、「胆沢八幡宮」を創建した。

このほか、田村麻呂が建てたみちのくの寺社はたいへん多く、

斗蔵《とくら》観音（宮城県角田市）
白山社（岩手県江刺市）
悪玉《あくだま》観音（宮城県仙台市）
松島五大堂（宮城県松島町）
矢作《やはぎ》観音（岩手県陸前高田市）
猪川観音（岩手県大船戸市）

大森観音（岩手県江刺市）

など、じつに三十カ所以上にものぼっている。

これらの事実をみると、坂上田村麻呂は陸奥へ蝦夷征討に行ったというより、その荒ぶる魂魄《こんぱく》を鎮《しず》めにおもむいたと言うほうが正しいかもしれない。

じっさい、田村麻呂の陸奥での戦闘の記事は、朝廷の記録にもまったく載っておらず、

「坂上田村麻呂は蝦夷と戦うために遠征したのではない」

と断言する学者もいるほどだ。

征夷大将軍坂上田村麻呂は、陸奥遠征に関するかぎり、武人としてよりも〝鎮魂《ちんこん》師《し》〟として成功をおさめた。そして、その田村麻呂が築いた最大の魔界封じが、いまも古代そのままの形で残っている。

いったいどこに――。

陸奥の蝦夷の奥津城《おくつき》ともいうべき、津軽平野である。

清水寺建立、本当の目的は何か

吉幾三《よしいくぞう》の唄で知られる津軽平野は、じつに広闊《こうかつ》とした美しい平野である。

かつて筆者は自転車で津軽平野をまわったことがあるが、平野の北はずれにある十三湖《じゅうさんこ》のあたりなど、走っても走っても民家が見えないのでびっくりした記憶がある。

ノハナショウブの花咲く広々とした草原。

はるかかなたに見える青い山並み。

どちらかといえば、本州というより、北海道の原野を走っている感覚に近い。

かつて、その津軽平野には、遮光器土偶《しゃこうきどぐう》を祭神とする亀ヶ岡《かめおか》文化が栄えていた。

縄文時代晩期のことである。

おそらく、亀ヶ岡文化の時代には、津軽は日本でもっとも開けた土地のひとつであったはずだ。

それから八百年後――。

津軽平野は、亀ヶ岡人の末裔《まつえい》である蝦夷《えみし》が平和に暮らす土地となっていた。当時、蝦夷と倭人《わじん》の争いが起こっていたのは岩手県北部で、青森県の北はずれに位置する津軽平野に両者の抗争はなかった。

津軽は蝦夷の楽土であったのだ。

陸奥《みちのく》に遠征した坂上田村麻呂は、その津軽平野にやってきた。

何のために――。

もちろん、平安京の〝裏封じ〟をほどこすためである。

陸奥は京の鬼門《きもん》。

津軽はその鬼門の陸奥のなかでも、北東に位置している。いわば、鬼門中の鬼門なのである。

田村麻呂が津軽でおこなった〝裏封じ〟は、じつに規模壮大であった。

かれは、蝦夷の聖地ともいうべき津軽平野に七つの神社を造った。ただ造っただけではない。

なんとそれを、

――北斗七星《ほくとしちせい》

の形に配列したと、『新撰陸奥国誌《しんせんむつこくし》』にはある。

端から端まで、延々五十キロ。

じつに壮大なスケールの大図形である。

その北斗七星型に配された七つの神社は、いずれも現存している。

地図を見ていただこう。

①乳井《にゆうい》神社（乳井毘沙門天《びしやもんてん》）

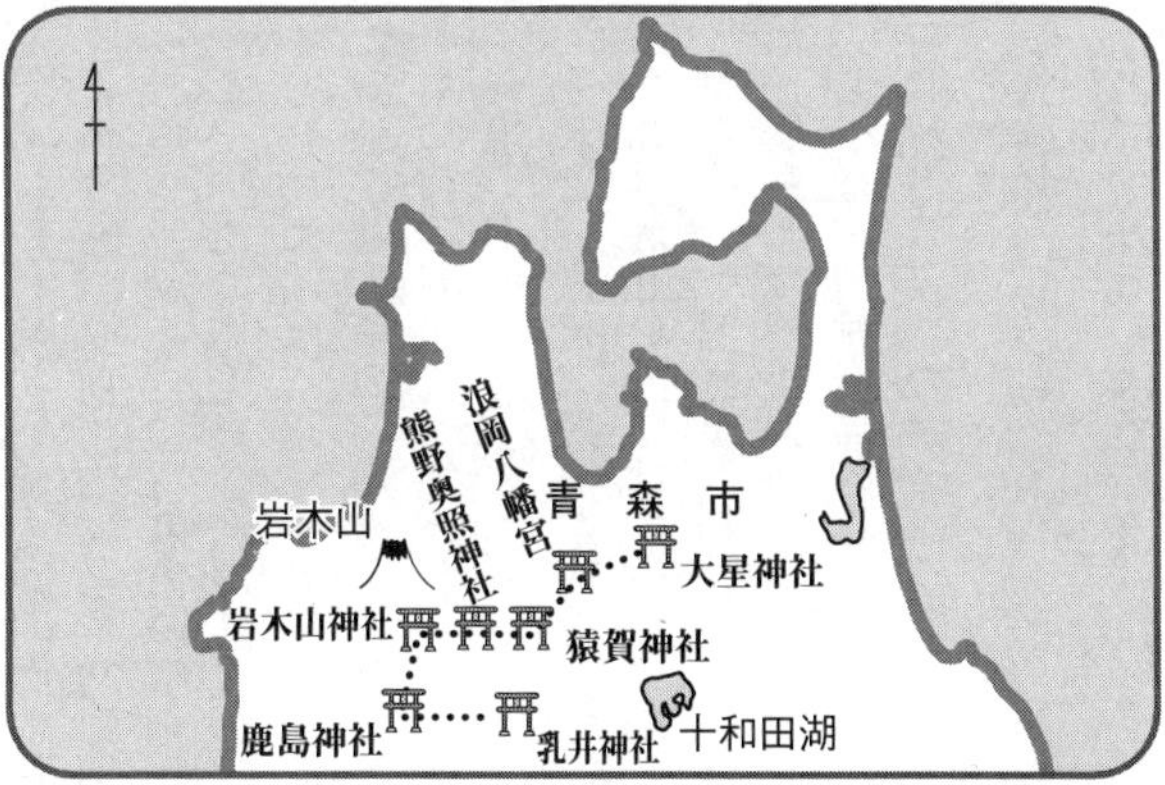

田村麻呂がみちのくに置いた神社をむすぶと、大きな北斗七星型になる。一体何の意味が込められているのか。

②鹿島神社（村市毘沙門天）
③岩木山《いわきさん》神社
④熊野奥照《くまのおくてる》神社（高岡熊野宮）
⑤猿賀《さるか》神社
⑥浪岡八幡宮
⑦大星《おおぼし》神社（横内妙見堂）

以上の七社がそれである。

七つの神社を結べば、それらがほぼ北斗七星の図形を描いていることがお分かりになるはずである。

田村麻呂はみずから選定した七つの聖地に宝剣を埋め、さらにその上に神社を建てたという。それは、桓武天皇が京の巽《たつみ》（南東）に宝剣を埋め、その上に《剣《つるぎ》神社》を築いて呪術封じをしたのとそっくりではないか。

筆者は田村麻呂が建てた七つの神社を、ひとつひとつめぐってみたことがある。

そのうち、弘前市内にある熊野奥照神社をたずねたとき、

「社殿の下から、田村麻呂の宝剣が出てきました」

と、宮司《ぐうじ》の林美紀さんが貴重な話を聞かせてくれた。

それによれば、昭和十七年、神社の本殿を移築したさいに、本殿が建てられていた敷地から、漆《うるし》の箱が出土したのだという。箱のなかには、幾重にも布で巻かれた一本の蕨手刀《わらびてとう》が入っていた。

蕨手刀――。

それは、古代、蝦夷が使用していた刀である。蝦夷を征圧《せいあつ》した田村麻呂が埋納するにふさわしい刀ではないか。

おそらく、熊野奥照神社のみならず、津軽の七つの神社の地下には、坂上田村麻呂が奉納した蕨手刀が、いまも呪力を放ちながら眠っているはずである。

じつは、田村麻呂の壮大な北斗七星封じを裏づける証拠品が、かつて京都の鞍馬《くらま》寺《でら》に残されていた。

それは、

「七社図《しちしゃず》」

と呼ばれる絵図である。

「七社図」は陸奥からの凱旋《がいせん》後、田村麻呂が奉納したもので、北斗七星型に七つの神社を描いた絵図だった。

坂上田村麻呂は陸奥遠征に先立ち、鞍馬寺の兜跋毘沙門天《とばつびしゃもんてん》に必勝祈願をおこなっている。

その関係で、「七社図」は佩刀《はいとう》や馬の鐙《あぶみ》など、田村麻呂のほかの多くの遺物とともに鞍馬寺に伝えられたのである。

だが、その貴重な絵図、戦時中に本堂はじめ諸堂が火災にあったとき、残念ながら、焼失してしまって、今は残っていない。

それにしても、北斗七星の形に神社を配列することが、なぜ魔界封じになるのか――。

説明するまでもないだろうが、北斗七星とは北の夜空にひしゃく状に連なる七つ星のことで、北極星のまわりをめぐる。

この北斗七星の〝七〟という数字は、古来、洋の東西を問わず聖なる数として尊ばれてきた。西洋では「ラッキー・セブン」といって幸運の数字とされている。

むろん、東洋でも〝七〟は神聖視されていた。

「七福神《しちふくじん》」

「七賢人《しちけんじん》」

七がつく言葉はいずれもよいことに使われる。いわば「聖数」である。

そのためであろう。〝七〟は怨霊を封じる呪術にも用いられるようになった。

たとえば、日本各地の伝説にある「七つ墓」とか「七人塚」がそれである。そこに埋められているのは、いずれも惨死《ざんし》、刑死、客死《かくし》、自害など、尋常ならざる死に方をした者たちである。その怨霊の跳梁《ちょうりょう》を防ぐため、七つの墓を築き、聖なる数字〝七〟によってこれを鎮《しず》めたのである。

そればかりではない。

北斗七星は、極北に輝く北極星のまわりをまわるので、それを守護するという特別な役割があると考えられていた。その北極星とは、北極大帝、すなわち帝王のことをさしている。〝七〟という聖なる数字によって怨霊を鎮めるとともに、帝王を守る——坂上田村麻呂が北斗七星を京の鬼門、津軽の地に描いた背景には、そうした二重の意味があったのである。

この北斗七星の神社のほかにも、津軽には、桓武天皇が鬼門封じのため巨大な釈《しゃ》迦如来《かにょらい》像を安置したという話がある。像が置かれた場所は、梵珠《ぼんじゅ》山の登山口で、「大釈迦」の地名がいまでも残っている。

陸奥に壮大な呪術装置を完成させた田村麻呂は、出陣から半年後、都に凱旋《がいせん》した。凱旋するとまもなく、かれは京の東山に一つの大寺を造営している。

現代では京都最大の観光名所として名高い、

——清水寺《きよみずでら》
が、それである。

むろん、この清水寺も平安京を守護する目的で建立された。

だが、田村麻呂の呪術者としての役割は、まだまだ終わっていない。かれは死してなお、平安京の守りにあたろうとした。

田村麻呂の墓は、京の郊外、山科《やましな》の地にあるのだが、そこに埋められたかれの遺骸は、ものものしい甲冑《かっちゅう》に身をかため、太刀をはき、弓矢を持ち、平安京の鬼門の方角をにらんで仁王立ちしていると伝説はいう。

その執念に満ちたすさまじい死者の形相を思い浮かべると、背筋に戦慄すらおぼえるではないか。

『田邑麻呂《たむらまろ》伝記』によれば、この田村麻呂の墓は、国家に凶事が起きるときには、

「あたかも鼓《つづみ》を打つがごとく、あるいは雷電《らいでん》のごとく」

鳴動《めいどう》し、それを知らせるのだという。

桓武天皇の密勅により、最澄は京の鬼門にあたる比叡山に〝魔所〟をつくり、田村麻呂はさらに遠く離れた津軽の地に〝北斗七星〟を描いて鬼門の鎮《しず》めとした。

京都市中ばかりでなく、比叡山、陸奥まで巻き込んだ桓武天皇の壮大な呪術構想

に、われわれは驚きを禁じえない。

しかし――。

それほどまでに周到な魔界封じをほどこしても、平安京をおおう闇は、完全に打ち払うことができなかった。

しだいに〝魔界都市〟と化していく京都の姿を、われわれは次の章で目の当たりにしなければならないのである。

3

謎の漢学者小野篁《たかむら》の背筋を凍《こお》らせる記述

——魔界と現界を行き来する異能の魔人の見たものは……

官庁街の一画になぜ松林を残したのか

こわい話がある。

仁和《にんな》三年（八八七）八月十七日というから、平安京が完成してから百年近くたった頃のことである。

夜の十時すぎ、宮中の若い女房たちが三人連れ立って内裏《だいり》をそぞろ歩いていた。

夜の十時といえば、ろくな照明設備がなかったこの時代、内裏のなかはひっそりと静まりかえって人影もない。

おりからの立待月《たちまちづき》。

こうこうと輝く月明かりに誘われるように、女房たちは武徳殿《ぶとくでん》の近くまでやって来た。武徳殿の東側には松林がひろがっている。

《宴《えん》の松原》といい、殿舎《でんしゃ》が立ち並ぶ内裏にあっては、唯一、樹木の生い茂る木暗い場所だった。

その「宴の松原」の横を、話に興じながら女たちが通りかかったとき、松林の奥からひとりの男が姿をあらわした。

背が高く、目鼻立ちの涼やかな、水もしたたるような美男である。

女房たちがぽおっと見とれていると、男は三人の女のうちの一人に声をかけ、手を取って松原の中へ入り、なにやら楽しそうに話をはじめた。

残された二人の女房は、しばらくその場で待っていたが、仲間がなかなか戻ってこないので不審に思い、暗い松林のなかに入ってみた。

すると——。

ついさっきまで、男と女が立ち話をしていたあたりの草むらに、おびただしい鮮血が飛び散っているではないか。血の海のなかには、バラバラになった女の死体が転がっていた。悲鳴を上げ、女房たちは内裏の警護にあたる右兵衛府《うひょうえふ》に駆け込んだ。

すぐさま、右兵衛府の衛士《えじ》たちが「宴の松原」に駆けつけてみたが、現場に転がっていたのは血まみれの手と足のみで、そこには女の首も胴体も残されていなかった。

「鬼に食われたものだろう」

後で話を聞いた者たちは、恐怖に顔を引きつらせたという。

以上は、『今昔物語《こんじゃくものがたり》』や『古今著聞集《ここんちょもんじゅう》』などにみえる「宴の松原の鬼」の話である。

呪力に守られた平安京のど真ん中、しかも天皇が住まう内裏に鬼があらわれるとは、なんとも恐ろしい話ではないか。

京都にほどこされた呪的バリアを突破して、あちら側の妖異のものたちはつぎつぎと侵略を繰り返してきた。そして、こちら側の世界に魔界の匂い、すなわち〝妖気〟に満ちた場所を作り出す。

その場所を、われわれは〝魔所〟と呼んで恐れているのだ。

むろん、霊感の強い人間がそこに近づけば、たちまち身の毛がよだち、さまざまな怪奇現象に遭遇《そうぐう》する。

「宴の松原」もまた、そうした〝魔所〟のひとつであったにちがいない。

とはいえ不思議なのは、そもそも内裏の中枢部ともいうべき場所に、なぜあやしげな松林を作ったかということである。

これにはいくつもの説がある。

「宴の松原」という名前の通り、松原のなかで朝廷の宴《うたげ》が開かれたとする説。内裏の建て替えのための空き地として用意されたとする説。さまざまな説が入り乱れているが、いずれも推定の域を出ていない。

かくいう筆者には、妖異のものどもをひそかに住まわせるため、何者かがわざと

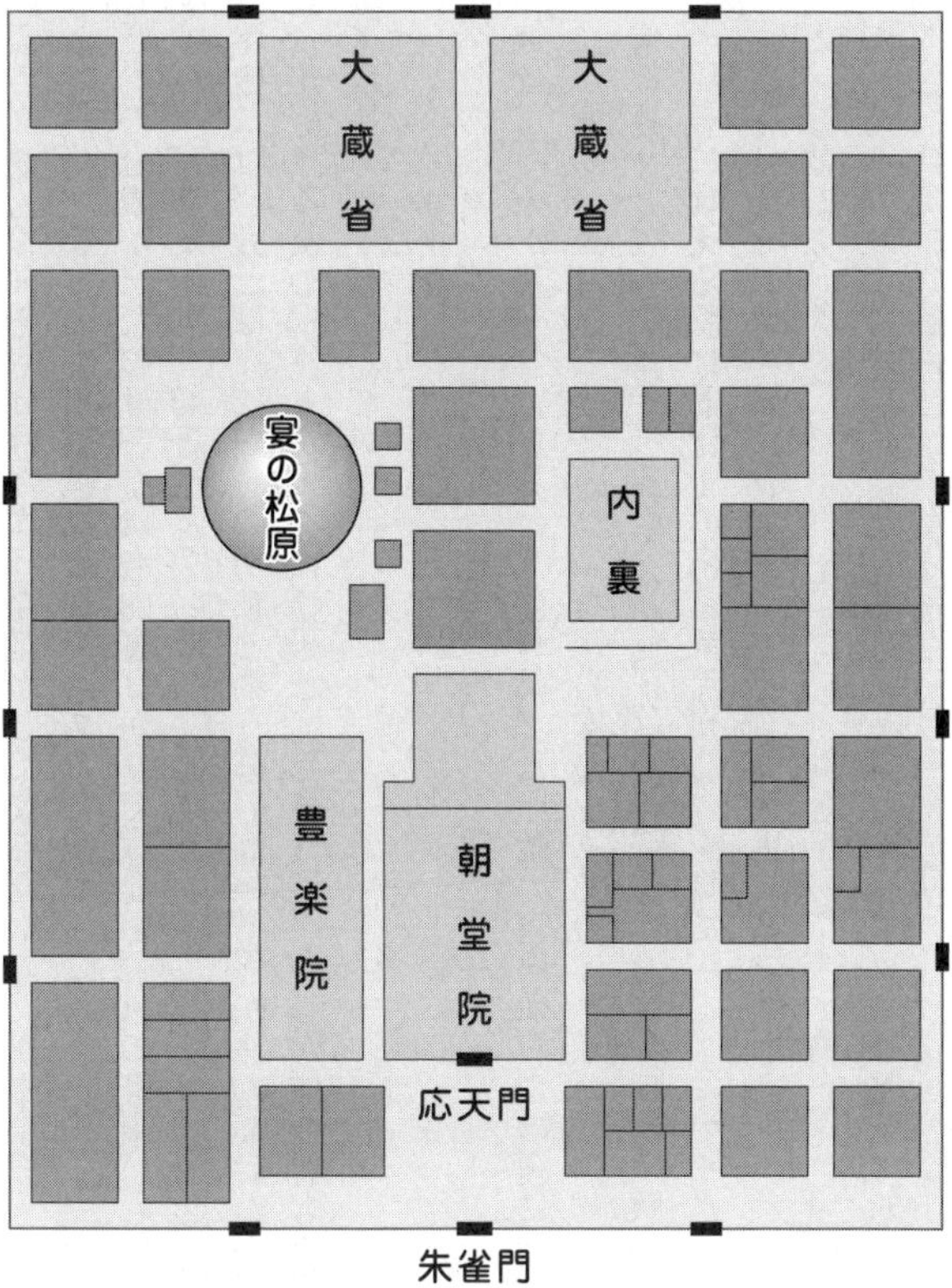

天皇が住む大内裏の中心になぜか〝宴《えん》の松原〟と呼ばれる松林が存在していた。ここでは何度も鬼があらわれたという。古地図を頼りにここを訪れると、寺ばかりがなぜか多い。

内裏のなかに松林をもうけたような気がしてならないのだが――。

とにかく、なんとも不思議な松林ではある。

妖異のものが出たのは、なにも内裏ばかりではない。京の町中にもひんぱんに出没した。

二条大路南、東洞院大路東に、《僧都殿《そうずどの》》と呼ばれる古屋敷があった。

屋敷には、もとはなにがしの僧都《そうず》という徳の高い僧侶が住んでいたが、たびたび異変が起きるため、住人がすぐに転居してしまう。いつしか住む者もなく、荒れ果てて廃屋も同然になっていた。

その「僧都殿《そうずどの》」。

屋敷の戌亥《いぬい》（北西）の隅に、一本の榎《えのき》の巨木があった。

毎日、たそがれどきになると、崩れ果てた屋敷の寝殿《しんでん》からこの榎に向かって、赤い衣《ころも》が飛ぶ。衣はひらひらと舞いながら木の上までのぼっていく。

「僧都殿《そうずどの》」と二条大路をへだてた北側には、讃岐守《さぬきのかみ》　源　是輔《みなもとのこれすけ》の屋敷があったが、この屋敷に仕える腕におぼえのある武者がこれを見て、

「弓矢が手もとにあらば、あの赤い衣を射《い》落としてやろう」

と、豪語した。

できもしないことを言う、と同僚たちがあざけったので口論となった。

「よし、見ておるがいい」

意地になった武者は、翌日の夕暮れ近く、単身、荒れ果てた「僧都殿」に乗り込んだ。八束《やつか》の弓に雁胯《かりまた》の矢をつがえ、腐りかけた濡れ縁《ぬえん》に立って待つこと半刻《はんとき》――。

日が暮れ落ちるにしたがい、ものすごい妖気があたりに満ちてくる。

さすがの武者もうす気味悪く思っていると、庭の竹やぶのなかから赤い衣がぱっと舞い上がり、きのうと同じように、戌亥《いぬい》の大榎《おおえのき》めざして飛びはじめた。

「いまだッ！」

武者はひょうと矢を放った。

夕闇を切り裂いて飛んだ雁胯の矢は、みごと衣のど真ん中を射抜き、反対側へと飛び去る。

しかし――。

赤い衣は、いつもと変わりなくゆらゆら揺れながら宙を飛び、榎の樹上にのぼっていった。

武者が濡れ縁を飛び下り、衣を射抜いたあたりの地面を調べてみると、草が生い茂った庭の一角に、おびただしい血がしたたり落ちている。

意気揚々と讃岐守《さぬきのかみ》の屋敷に引き揚げた武者が、同僚たちに話をすると、みな気味悪がって怖《おぞ》けだった。

その夜、武者はしとねのなかで息絶えていたという。

のちに「僧都殿」は「二条内裏《だいり》」と呼ばれて天皇の住まいとなるが、なぜか原因不明の火事ばかり起きている。

この奇怪な屋敷なども、平安京で五本の指に数え上げられる危険地域のひとつだろう。

それにしても、京都には、なんと不条理で恐怖に満ちた〝魔所〟が口をあけていることだろうか。

今も花嫁が渡ってはいけない橋

京都の〝化け物屋敷〟といえば、これをはずすことはできない。

その名もずばり、

《鬼殿《おにどの》》

である。

平安時代、「鬼殿」には藤原朝成《ともひら》という貴族が住んでいた。

貴族の屋敷が、なぜ「鬼殿」などというまがまがしい名で呼ばれるようになったのか。それは、屋敷のあるじ朝成《ともひら》がすさまじい恨みをのんで憤死《ふんし》したためである。

この藤原朝成《ともひら》という男、当時の古記録によると、けたはずれの大食漢で、相撲取のごとき肥満体だったらしい。

しかも、性狷介《けんかい》、わがままでうぬぼれが強い。

その朝成があるとき、大納言《だいなごん》の地位（今日の国務大臣クラス）を熱望した。

いつの世の中でもそうだろうが、政界でそれなりの地位を望めば、事前の運動に金がかかる。

当然、朝成も金と人脈を駆使して各方面にはたらきかけた。

ときの朝廷の最高実力者、摂政《せっしょう》藤原伊尹《これただ》は、朝成の要請に対しすげなくこれを拒否した。

生来うぬぼれの強い朝成は、

「おのれ、伊尹《これただ》め……。よくもおれに恥をかかせおったな」

と、猛烈に腹をたてた。

逆《さか》恨みと言えば逆恨みだが、朝成は憤りのあまり食事も喉《のど》を通らず、そのまま憤死したというからすさまじい。

死ぬまぎわ朝成は、

「伊尹の一族には、七代まで崇ってやるぞ」

と言い残して息絶えた。そのせいかどうか、藤原伊尹はまもなく頓死《とんし》し、彼の一族も変死者が続出した。伊尹の孫にあたる〝三蹟《さんせき》〟のひとり名書家の藤原行成《こうぜい》も、朝成の怨霊に悩まされている。

それほどすさまじい執念の持ち主が住んでいた屋敷である。〝化け物屋敷〟にならないほうがおかしい。

朝成の死後、屋敷は住む者もなく荒れ果て、京の人々に、

――もののけの家

と、敬遠されていた。

この「鬼殿」の跡には、戦国時代になって織田信長の息子信雄《のぶかつ》が屋敷を建て、それを加藤清正が受け継いだ。

さらに江戸時代、紀州徳川家の藩邸《はんてい》になったというが、藤原朝成の怨霊がそこにも出没したのかどうかは、定かではない。

「鬼殿」に負けず劣らず恐ろしい名前の魔所を挙げるとすれば、

《羅刹谷《らせつだに》》

をおいてほかにない。

「羅刹谷」は、東山の泉涌寺《せんにゅうじ》と東福寺《とうふくじ》のあいだの渓谷である。

〝羅刹《らせつ》〟とは、人の肉を食う凶暴な悪鬼のこと。すなわち、食人鬼である。

あの「宴《えん》の松原《まつばら》」で宮中の女房を食った鬼は、もしかすると、食人鬼〝羅刹〟と同類のものだったのかもしれない。

こんな話がある。

比叡山の高僧、源信《げんしん》（恵心僧都《えしんそうず》）が、あるとき羅刹谷に足を踏み入れた。道を踏みまどった源信の前に、谷の奥から一人の美女があらわれた。羅刹の女は、性質は凶暴だが、外見はきわめて美しいといわれている。

――ああ、これは羅刹女《らせつにょ》だな。

源信は思ったが、これも仏の導きと、女に誘われるままに谷の奥へ入っていった。

源信を棲《す》み家《か》へ誘い込んだ女は、たちまち本性をあらわして食いかかろうとしたが、どうしても近づくことができない。

結局、源信は谷の外まで無事帰されたという。

これなどは、源信が厳しい仏道修行によってサイキック・パワーを高めた高僧だったからこそ難を避けられたわけで、われわれ凡人が美女の色香《いろか》に惑わされてうっかりついていけば、まちがいなく頭からバリバリ食われてしまったことだろう。

《猫の曲がり》

という魔所も、すこぶる不気味なところだ。

「猫の曲がり」があるのは、密教道場として知られる東寺《とうじ》である。

東寺といえば、平安京鎮護のために桓武天皇が建てた寺で、本来であれば魔所が生ずるような場所ではない。

現在では取り払われてしまって目にすることはできないが、東寺を囲う白塀の東南角《かど》の瓦の上に、かつて〝白虎《びゃっこ》〟の像が置かれていた。

その〝白虎〟が、ちょうど猫のように見えたので、京の人々はいつの頃からか、東寺の東南角のことを「猫の曲がり」と呼ぶようになった。

東南の隅《すみ》に、東の守護神〝青竜《せいりゅう》〟もしくは南の守護神〝朱雀《すざく》〟の像を置かず、まったく無関係な西方の守護神〝白虎〟を置いた理由はわからない。

あるいは、なんらかの理由であたり一帯の空間がねじれてひずみができ、そこに魔所が口をあけるようになったのか――。

とにかく、「猫の曲がり」は魔所として恐れられている。

タクシーの運転手から聞いた話だが、現在でも、花嫁をのせた婚礼のハイヤーは、この「猫の曲がり」の前の九条大路《くじょうおおじ》を絶対に通らないという。

京都には危険な魔所がまだまだある。たとえば、

《羅城門《らじょうもん》》

朱雀大路《すざくおおじ》にある平安京の南の正門で、その二階の楼上《ろうじょう》には鬼が住むといわれた。

京都の中央を南北に伸びていた朱雀大路の南の正門、羅城門。ここの上には鬼が住んでいたという。筆者のもう一台のカメラでは何度シャッターを押しても何も写らなかったのは偶然だろうか。

《一条戻橋《いちじょうもどりばし》》

一条堀川にかかる橋。渡辺綱《わたなべのつな》が一条戻橋のたもとで鬼の腕を斬った話は有名。豊臣秀吉が千利休の木像をみせしめのためにさらしたのも、この橋のたもとである。「猫の曲がり」と同様、花嫁は今でも、絶対に一条戻橋を渡らない。

《河原院《かわらいん》》

鬼殿と並んで、平安京の代表的な化け物屋敷のひとつである。屋敷の持ち主だった源融《みなもとのとおる》の死霊がここに留まり、さまざまな災いをなした。

《双ヶ丘《ならびおか》》

三つの丘が北から南に並んでいるので、この名がついた。丘には、〃無傷《むしょう》〃とよばれる正体不明の妖怪が住み、人々に恐れられた。かの吉田兼好《よしだけんこう》が庵をかまえ、『徒《つれ》然草《づれぐさ》』を書いたのもここ。

《深泥《みぞろ》ヶ池《いけ》》

竜神が住むと恐れられたところ。名前のとおり泥が深く堆積《たいせき》した底無《な》し沼で、今も奇怪なことが起きる。

《神楽岡《かぐらがおか》》

京大の裏にある吉田山のこと。

昔は葬送の地で、この地を通ると十七、八くらいの美しい姫君があらわれ、男を

膏薬図子（左スミが祠《ほこら》）

神田神宮の祠

京の朝廷に背を向けた平将門の首をさらしたために祟《たた》りがあいついだという〝膏《こう》薬《やく》図《ず》子《し》〟。神田神宮という小さな祠が民家の軒下にまつられている。

たぶらかした。

《毛朱一竹塚《もうしゅいっちくづか》》

平清盛が天皇を悩ます妖魔を狩り、清水寺《きよみずでら》の近くに塚を作って封じ込めたところ。天皇が病気になると、この塚に勅使《ちょくし》を派遣して病気平癒《へいゆ》を願った。塚には源三《げんざん》位頼政《みよりまさ》が退治した〝鵺《ぬえ》〟も埋められているという。

《膏薬図子《こうやくずし》》

京の朝廷に反旗をひるがえした平将門《たいらのまさかど》の首をさらした場所。後世、さまざまな祟《たた》りがつづいたので、「神田神宮《かんだじんぐう》」という小祠を建てて将門の霊をなぐさめた。祠は今も、民家の軒先にある。

京都の魔所は数え上げれば、まだまだきりがない。

そんななかで、筆者が京都最大の魔所だと考えている古刹《こさつ》が、洛北《らくほく》の寂しい谷の奥にある。

その寺の名を明かすことはできないが、そこは古くから平安京に巣くう魑魅魍《ちみもう》魎《りょう》がすべて集まる場所といわれてきた。

寺の周囲には人々の侵入を拒むように奇怪な岩山が屹立《きつりつ》し、山伏の修行場ともなっている。

聞くところによれば、寺の境内では今も数々の怪奇現象が起きるらしい。

京都市内のほかの古刹《こさつ》とはちがい、この寺はたやすく取材に応じないことで知られている。修行の場としての伝統を、今もかたくなに守り続けているからにほかならない。

筆者も何度か取材を試みたことがあるが、そのたびに住職にカメラを取り上げられてしまった。

いずれおりをみて寺の背後の岩山にのぼってみようと思っている。その岩陰にどんな恐ろしい魔物が潜んでいたとしても、私は少しも驚かないだろう。

鬼狩り師・安倍晴明の正体

妖気ただよう不気味な魔所が、無数に口をあける都。たそがれ時ともなれば、魔界のものどもの跳梁《ちょうりょう》におびえねばならない都。

桓武天皇の祈りもむなしく、京都はおそるべき〝魔界都市〟と化していった。しかし、いつまでも魔界のものどもの跳梁を放っておくわけにはいかない。そこで登場したのがゴースト・バスターズ、すなわち〝鬼狩り師〟たちであった。

鬼狩り師は、厳しい修行によって体得した呪力を使い、平安京をわがもの顔に荒らしまわる魔物を退治し、封じ込めようと試みた。

数ある鬼狩り師たちのなかでも、平安京最大にして最強の男――すなわち「大鬼《だいき》王《おう》」と呼ばれた人物がいる。

安倍晴明《あべのせいめい》――。

この高名な人物の名は、読者の方々もどこかで耳にされたことがあるのではないだろうか。

晴明は天文博士、大膳大夫《だいぜんのだいぶ》、播磨守《はりまのかみ》などを歴任した平安時代中期の陰陽師《おんみょうじ》である。

陰陽師、それは大陸から伝来した当時最新の呪術である〝陰陽道〟を用い、人の運勢や吉凶、天変地異を占う呪術者のことで、その摩訶《まか》不思議な能力を駆使して、鬼狩りをおこなうようになっていったのである。

晴明には、優れた呪力を示すいくつかの逸話が残されている。

たとえば、晴明が真言密教の高僧である寛朝《かんちょう》僧正を嵯峨野《さがの》の大覚寺に訪ねたときのことである。

寺に集まっていた僧侶たちが、

「貴殿は式神《しきがみ》を使うと聞くが、実際にそれを使って人を殺すことができるのか」

と、問いかけてきた。

陰陽道の大事にかかわることを、気安く聞いてくるものだと、晴明は苦《にが》い顔になったが、

「わが呪力を使えば容易である」

と、こたえた。

ならば、と僧侶の一人が笑い、

「あれを殺すことができるか」

と言って、庭の池のほとりに出てきた一匹の蝦蟇《がま》を指さした。

晴明はやむなく、近くに生えていた草の葉を摘《つ》み取り、呪文を唱《とな》えながら蝦蟇のほうへ投げつけた。

風を切って飛んでいった草の葉が、蝦蟇におおいかぶさったとみるや、蝦蟇はぺしゃんこに押し潰《つぶ》されて死んでしまった。

そこに居た僧侶たちは顔色を失い、おおいに怖《お》じけづいたという。

また、こんな話もある。

あるとき、晴明が内裏《だいり》に出仕したところ、蔵人《くろうど》ノ少将《しょうしょう》という若い美男の貴公子が牛車《ぎっしゃ》に乗ってやって来た。少将が牛車から下りると、上空を飛んでいたカラスが糞《ふん》を落とし、それが少将の肩にべったりとついた。

――式神《しきがみ》だな……。

晴明には分かった。何者かが式神をカラスに変形《へんぎよう》させ、少将に呪いをかけようとしているにちがいない。

気の毒に思った晴明は少将に近づき、

「あなたは誰かに狙われています」

と、こっそり忠告してやった。

晴明の言葉を聞いた少将は、恐れおののき、

「なんとか助けて下さい」

と、晴明に頼み込んできた。

晴明は少将の牛車に乗り込んでかれの邸宅へ向かうと、呪文を唱えつつ、そこで夜を明かした。

すると、明け方になって、ほとほとと門の扉をたたく者がある。門のところまで出てみると、それは少将の相婿《あいむこ》(妻同士が姉妹)の五位《ごい》ノ蔵人《くろうど》であった。蔵人は少将の元気な姿を見て顔面蒼白《そうはく》になり、わなわなと震えだした。

晴明が五位ノ蔵人を問いただしたところ、男は涙ながらに告白した。

それによると、この五位ノ蔵人、日頃からなにかにつけて華やかな少将をねたみ、さる陰陽師に頼んで、少将を式神で呪い殺そうとした。ところが、少将の屋敷は晴明の強力な呪力で守られていたため、式神は手出しできずに逆戻りし、呪いを

魔力を秘めた五芒星

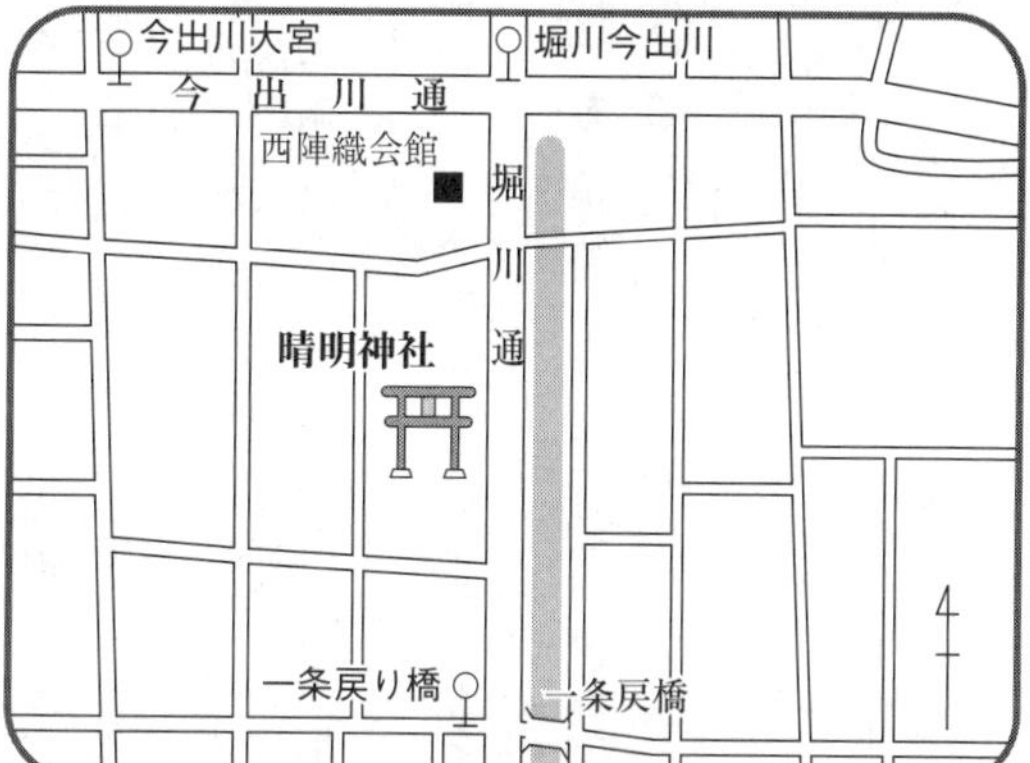

陰陽道の大家、安倍晴明《あべのせいめい》は鬼の化身、式神《しきがみ》をも自由自在に操った。晴明神社は、安倍晴明の邸宅跡といわれ、彼の強い念持力によって湧き出たという「晴明水」がある。

発した陰陽師自身を取り殺してしまったのだ、という。

二つの話には、いずれも〝式神〟というものが登場する。〝式神〟とは、鬼をつかまえてきて飼い慣らしたもので、陰陽師はこの〝式神〟を使ってさまざまな呪術をおこなった。

魔を制するには、魔をもってあたるのがもっとも効果的というわけである。

安倍晴明の屋敷があったのは「一条戻橋《いちじょうもどりばし》」のたもとであった（伝えによれば、いまの「晴明神社」のある場所がその邸宅跡だとされる）。

一条戻橋といえば、鬼の出没する魔所として、平安京の危険地帯のひとつに数え上げられるところである。

晴明は、その一条戻橋の下に鬼の化身《けしん》である式神を隠しておき、必要なときに呼び出して、自由自在に操《あやつ》ったといわれている。

さらに――。

この晴明、じつは母親が狐《きつね》であったという伝承がある。

晴明の父は安倍保名《やすな》という。保名は和泉国の信田《しのだ》の森で、里人に狩り出された一匹の狐を助けた。助けられた狐は女に変じて保名と夫婦になり、あいだにできたのが晴明であったという。

狐は古来より、妖術をもって人をだますなど、きわめて強力な霊能力を持つ動物とされてきた。霊能力を持った狐と人間の混血児である晴明が、鬼を狩るゴースト・バスターになったのは、たんなる偶然ではなかろう。晴明の体の中に流れる狐の血が、かれを不世出の呪術者にしたのである。

鬼狩りをおこなう者たちのなかには、異界の血脈を持つ者が多い。あの妖怪退治のスペシャリスト、〝ゲゲゲの鬼太郎〟も妖怪の血を引いているではないか。

魔物以上に強力な呪力がなければ、魔を退散させることはできない。言葉をかえれば、鬼狩り師自身が、一種の〝魔人〟でなければならないのである。

妖怪退治の専門家・源頼光

平安京を守った魔人は、ひとり安倍晴明だけではなかった。

晴明が屋敷を構えた一条戻橋の対岸には、源《みなもとの》頼光《らいこう》という武将が住んでいた。頼光はれっきとした清和源氏《せいわげんじ》の血筋を引く武人で、父は鎮守府将軍《ちんじゅふしょうぐん》源満仲《みつなか》、弟の頼信《よりのぶ》は平忠常《たいらのただつね》の乱を平定したことで名高い。

ところがこの頼光、父や弟の場合とは異なり、鬼同丸《きどうまる》という盗賊を斬り捨てた以外は、武人としてのはなばなしい活躍がほとんど伝わっていない。むしろ、武将としてよりも、妖怪退治の専門家としてのほうが名が知られていた。

系図『尊卑分脈《そんぴぶんみゃく》』にも、

「歌人、武略に長じ、神権化に通じたる人」

と意味深《いみしん》なことが書かれている。

頼光の武勇伝でもっとも有名なのは、何といっても大江山《おおえやま》の「酒呑童子《しゅてんどうじ》」を退治した話であろう。

丹波国《たんばのくに》大江山に、酒呑童子という鬼神が棲《す》んでいた。酒呑童子はその名のごとく酒好きで、いつも顔をてかてかと赤く酒焼けさせていた。しかも、ひじょうに好色で、夜な夜な都に出ては美女をかっさらい、大江山に連れ帰って自分の性の奴隷としていた。

勅命により、配下の四天王（渡辺綱《わたなべのつな》、坂田金時《さかたのきんとき》、碓井貞光《うすいのさだみつ》、卜部季武《うらべのすえたけ》）をひきいて大江山に乗り込んだ頼光は、捕らえられていた美女たちの協力で酒呑童子に酒を呑ませ、泥酔したところを襲い、みごとに首を打ち落としたと伝えられる。

頼光にはほかに、「土蜘蛛《つちぐも》」退治の武勇伝も残っている。

土蜘蛛とは、古代大和朝廷に征圧された先住民族のことで、もちろん、頼光の時代にはすでに姿を消していたが、その怨霊が巨大な蜘蛛の妖獣と化し、平安京の人々に祟りをなしていたのである。

上品《じようぼん》蓮台《れんだい》寺《じ》に移された古塚

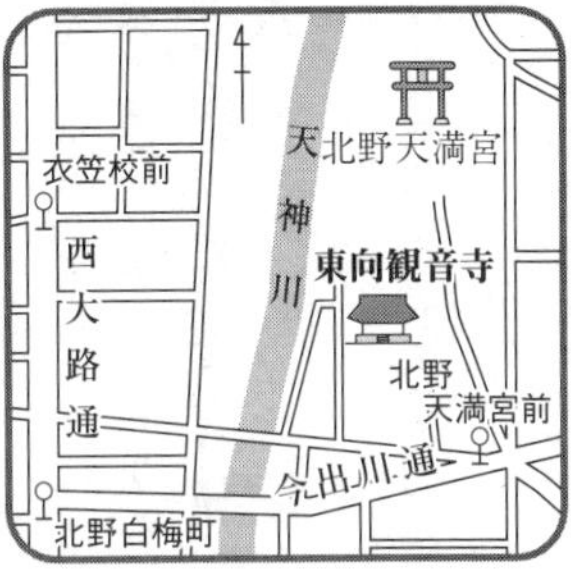

東向観音寺にある土蜘蛛灯籠

大和朝廷に征圧された京都の先住民族、〝土蜘蛛《つちぐも》〟。その怨霊がひそんでいたという２つの古塚が今も残っている。

頼光は、土蜘蛛の棲み家が洛北の古塚にあることを突き止めると、激闘のすえ、源家累代《るいだい》の名刀膝丸《ひざまる》を振るってこれを一刀両断した。

その土蜘蛛がひそんでいた古塚と伝えられる場所が、京都には二カ所あった。

ひとつは、千本鞍馬口西入《にしい》ルにあった古塚で、市街化整備のため、現在はもとの場所より北へ三百メートルの上品蓮台寺《じょうほんれんだいじ》の墓所に移された。墓所のケヤキの木の下には、今も「源頼光朝臣《あそん》塚」という石碑が立っている。

もう一カ所は、一条通七本松西入ルにあった古塚で、これも明治十三年に取り壊された。『京都坊目誌《きょうとぼうもくし》』によれば、壊された塚からは、石塔、石灯籠《いしどうろう》などが出てきたという。

その石灯籠の火袋《ひぶくろ》（ローソクを立てるところ）をある人がもらい受け、自分の庭に飾っていたところ、家運が傾いてきた。これは土蜘蛛の祟りだろうということで、北野天満宮の参道脇にある東向観音寺《ひがしむきかんのんじ》に灯籠を奉納した。その灯籠、「土蜘蛛灯籠」と呼ばれ、現在でも寺の境内に置いてある。

『古今著聞集《ここんちょもんじゅう》』には、平安京のゴースト・バスターたちの卓越した能力を語るこんな話も載っている。

その日、関白藤原道長《ふじわらのみちなが》は、物忌《ものい》み（占《うらな》いの卦《け》が悪いとき、災いをさけて家に引き籠もること）のために、一日中屋敷から外へ出なかった。僧正観修《かんしゅう》（僧侶）、典薬頭《てんやくのかみ》丹波忠明《たんばのただあき》（医師）、八幡太郎《はちまんたろう》源義家《みなもとのよしいえ》（武将。源頼光の弟頼信の孫にあたる。ただし、道長の死後に生まれているので、説話集の脚色だろう。道長に仕えたのは、源頼光）、そして陰陽師の安倍晴明の四人が、道長のそばにつき、ボディーガードにあたった。

季節は初夏。早なりの瓜《うり》が道長のもとに献上された。たいへんうまそうな瓜だったので、道長はさっそくにも、これを食べたいと言い出した。

しかし、道長は物忌みの最中である。その身に災いがあってはならないと、安倍晴明は吉凶を占ってみた。

ほとんどの瓜は「吉」と出たが、たった一つだけ「凶」と出た瓜がある。

「この瓜はいけませんな」

と、晴明は言った。

「どれ、わしが祈禱《きとう》してしんぜよう」

僧正観修が、その瓜を台の上にすえて祈禱をした。すると、不思議なことに瓜が妖しく動きはじめた。

それを見ていた丹波忠明が、瓜を手に取り、医者らしく綿密に調べてから二カ所に針を立てる。瓜はそれきり、動かなくなった。

最後に進み出た義家が、腰の太刀《たち》を引き抜き、瓜を真っ二つに斬ったところ、果実のなかに小さな蛇が入っていた。

驚いたことに、丹波忠明が刺した針は蛇の両目をつらぬき、義家の太刀はものの見事に蛇の頭を断ち切っていた。

平安京に跳梁する魔界のものも恐ろしいが、それを退治する〝鬼狩り師〟たちの技もまた、そら恐ろしいばかりではないか。

天才詩人・小野篁が地獄へ出入りした井戸

鬼の跳梁《ちょうりょう》する魔界都市平安京は、鬼狩りのプロフェッショナルたちを生み出した。

〝大鬼王《だいきおう》〟と称された陰陽師安倍晴明《あべのせいめい》、大江山の酒呑童子《しゅてんどうじ》を退治した源頼光《みなもとのらいこう》。さらには、第二章でふれた比叡山の超能力者、元三大師《がんざんだいし》もその鬼狩り師のひとりであった。

かれらは、あちら側の世界（魔界、鬼界、異界、冥界《めいかい》、いろいろ言いあらわしているが、いずれも同じ意味である）から、境界を越えてわれわれの住む現界への侵略を繰り返す凶暴なものども（鬼、魔物、妖怪、魑魅魍魎《ちみもうりょう》など）を狩って、これを封じ込めた。

かれらの異常な能力は、ある意味では鬼以上に鬼的であった。

しかし――。

われわれはここで、さらなる異能の人物を目のあたりにしなければならない。その男、昼間は朝廷の官吏として働きながら、夜になるとこっそり冥界へ下り、「閻《えん》魔庁《まちょう》第三の冥官《めいかん》」として閻魔大王に仕えたといわれている。

その名は、小野篁《おののたかむら》。

篁は小野岑守《みねもり》の長子として、延暦《えんりやく》二十一年（八〇二）に生まれた。身長六尺二寸（なんと一八八センチ！）の筋骨たくましい大男だった篁《たかむら》は、乗馬、弓術《きゆうじゆつ》、剣術など、武芸百般に秀でていた。

性格は不羈奔放《ふきほんぽう》。武芸のみならず、漢詩の分野では〝日本の白楽天《はくらくてん》〟と呼ばれたほどの天才詩人である。

法律にもくわしく、政界の不正をあばいて告発する弾正台《だんじようだい》の次官や、役人の不正をただす勘解由使《かげゆし》の長官をつとめ上げた。

現代で言えば、政界の疑獄事件の解明にあたる検察庁の長官をつとめていたようなものだ。役目がら、篁《たかむら》は朝廷の貴族たちから大いに恐れられていたことだろう。

さきにも書いたように、小野篁《おののたかむら》には、この世とあの世を自由に行き来し、閻魔《えんま》庁《ちょう》の役人になったという奇怪な噂があった。

あるときのこと――。

西三条ノ大臣と呼ばれた藤原良相《よしみ》が、重い病《やまい》にかかり、治療のかいもなくついに他界した。

三途《さんず》の川を渡って冥界へ入った良相《よしみ》は、地獄の獄卒《ごくそつ》に引き立てられ、閻魔庁へ連れて行かれる。

閻魔庁の中央にすわっていたのは、王冠を頭にかぶった大男であった。

――閻魔大王だ……。

良相《よしみ》はがくがくと膝《ひざ》が震えるのをおぼえた。

生前、自分は罪を犯したことなどないつもりだが、閻魔大王の判断ひとつで、等《とう》活《かつ》地獄、焦熱《しょうねつ》地獄、阿鼻《あび》地獄などへ落ちなければならない。

良相《よしみ》が恐れおののいていると、閻魔大王の両脇に並ぶ冥官《めいかん》のひとりが前に進み出て、

「この方は生前、右大臣をつとめ、非常に高潔《こうけつ》な人物として知られていた。この私に免じ、どうか生き返らせてあげていただきたい」

と、言う。

良相《よしみ》がその冥官の顔をよくよく見ると、なんと、廟堂《びょうどう》でいつも顔を合わせてい

る参議《さんぎ》小野篁ではないか。

良相《よしみ》は驚いた。

閻魔大王は、篁のことをよほど信頼しているのか、

「きわめて難しきことだが、そなたが言うのであれば認めざるをえまい。その男、生き返らせてやろう」

獄卒《ごくそつ》たちに命じて、良相を返してやった。

良相はふたたび現世によみがえり、無事に天寿《てんじゅ》をまっとうしたという。

じつに奇怪な話である。

しかし、『群書類従《ぐんしょるいじゅう》』にある「小野系図」にも、篁は「閻魔第三の冥官《めいかん》」とはっきり記されているので、むげに否定はできない。

その篁が冥界へ下りるときに使ったという井戸が、清水坂《きよみずざか》の珍皇寺《ちんこうじ》の裏庭にある。篁は、井戸の脇にある高野槇《こうやまき》の枝につかまり、夜ごとに井戸の底へ下り、冥界へ入っていったと伝えられる。

冥界への入口が、なぜ珍皇寺に口をあけているのか——。

それは、この珍皇寺が、平安時代の葬送地であった鳥辺野《とりべの》の入口に位置しているからである。

珍皇寺の前の道を〝六道《ろくどう》の辻《つじ》〟と呼ぶのは、ここが生者の世界と死者の世界を分

かつ境界だったことを示している。

京の町中を出て、六道の辻までやって来た野辺《のべ》送りの行列は、珍皇寺の僧侶から引導《いんどう》を渡してもらい、鳥辺野へ行って死体を焼いた。

珍皇寺はあの世とこの世の境に建っていた。

だからこそ、小野篁はこの珍皇寺の井戸から冥界へ下りて行ったのである。

珍皇寺の境内には、現在、〝篁堂《たかむらどう》〟と呼ばれる御堂があり、その中に閻魔大王と篁の像が並んで安置されている。

黒くすすけて古色を帯びたその像は、肩幅広く、じつに堂々としており、身長一八八センチの長身だったという篁の姿をほうふつとさせる。

さて――。

冥界へ入った井戸があるなら、当然、出るときに使った井戸もあるはずである。

事実、小野篁が冥界から帰還するときに使ったとされる井戸が、かつて、嵯峨野《さがの》の福生寺《ふくしょうじ》という寺にあった。

しかしながらこの福生寺、とっくの昔に廃寺となり、境内にあったという篁の井戸も潰《つぶ》されてしまった。福生寺にあった篁像や地蔵像は、今は近くの薬師寺《やくしじ》という寺が受け継いで、本堂に安置している。

福生寺より西には、古来、〝化野《あだしの》〟と呼ばれた寂しい野原がひろがっていた。

地獄への入口（珍皇寺）

珍皇寺の井戸

出口の碑（薬師寺）

漢詩文の名手、小野篁は珍皇寺から冥界へおり、閻魔大王にも仕えていた……。出口は今はないが、薬師寺に碑が残っている。

化野は、吉田兼好《けんこう》が、『徒然草《つれづれぐさ》』のなかで、

「化野の露《つゆ》消ゆるときなく、鳥辺山《とりべやま》の煙《けぶ》り立ち去らで……」

と書いた、鳥辺野《とりべの》とならぶ二大葬送地である。

おそらく、化野の入口にあった福生寺も、あの鳥辺野の珍皇寺と同じく、葬送地へやって来た野辺送りの行列に引導を渡す寺であったのだろう。平安京の東と西に、「珍皇寺」と「福生寺」という、それぞれ冥界へ通じる井戸を持つ二つの寺が存在していた。

つまり、篁は平安京の東から入って、地下深くにある冥界を通り、平安京の西に帰還したことになる。冥界から帰還するということは、すなわち、死の世界からよみがえるということを意味する。東の珍皇寺が〝死の六道〟と呼ばれたのに対し、西の福生寺が〝生《しょう》の六道〟と呼ばれたのはそのためである。

このほかに、篁とかかわりを持つ寺が京の北にある。

——千本閻魔堂《せんぼんえんまどう》

の名で、京の人々に親しまれている「引接寺《いんじょうじ》」がそれである。

引接寺は、蓮台野《れんだいの》という葬送地の入口にあり、やはりここでも死者に引導を渡し、野辺に送り出していた。本堂は閻魔庁をかたどったものと言われ、正面に小野篁が作らせたとされる巨大な閻魔大王《えんまだいおう》像が据えられている。

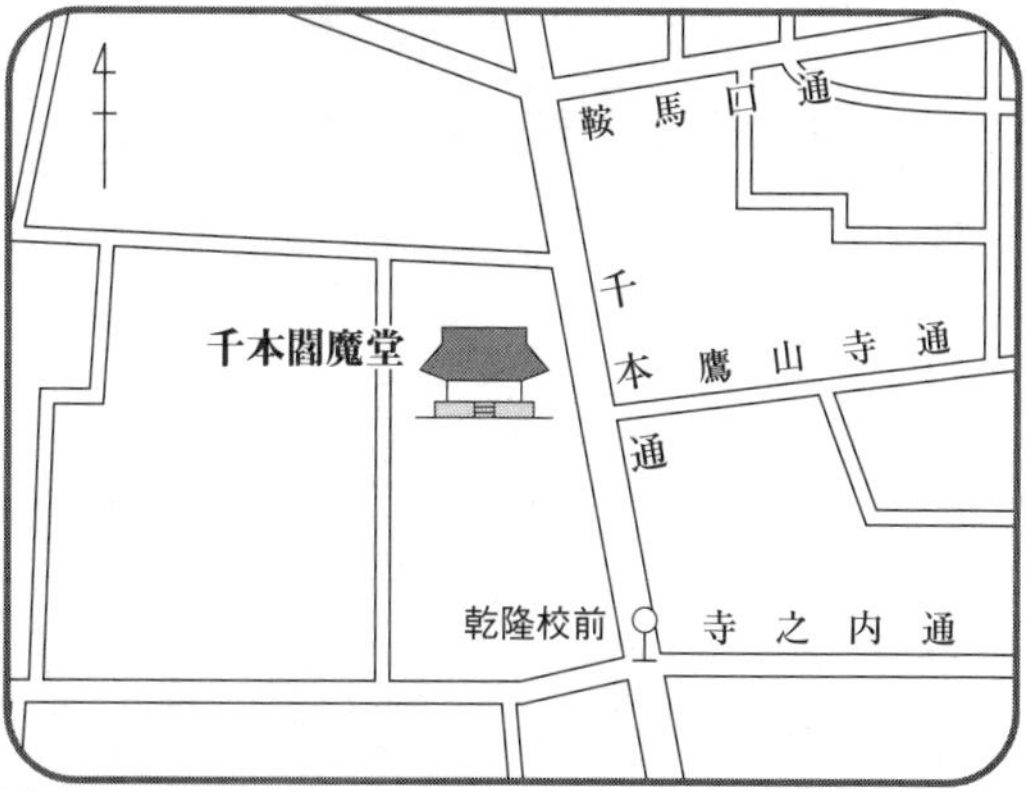

引接寺《いんじようじ》。別名千本閻魔堂《せんぼんえんまどう》と呼ばれるのは閻魔大王を祀っているからである。

この閻魔大王像、とにかく一見の価値がある。前に立つと、まるで自分が閻魔庁で裁きを受けているような気分になるから不思議だ。

戦国時代に日本をおとずれた宣教師ルイス・フロイスも、千本閻魔堂に入ったことがあった。薄暗い御堂の奥に鎮座《ちんざ》する閻魔大王を見たとき、フロイスは、

「身の毛もよだつようだった」

と、その著『日本史』のなかで書き残している。

京都の繁華街新京極《しんきょうごく》のアーケードのなかにある「矢田寺《やたでら》」もまた、小野篁ゆかりの寺である。

矢田寺の住職満慶《まんけい》は、篁とはかねてより昵懇《じっこん》の間柄だった。ある日、篁が上人のもとを訪れ、閻魔大王が菩薩戒《ぼさっかい》を受けたいと言っているので、自分と一緒に冥界へ下ってくれないかという。

「ほかならぬ、貴公の頼みだ。しかたあるまい」

と、満慶《まんけい》上人はこれを引き受け、篁とともに珍皇寺の井戸から冥界へと旅立った。

冥界に到着した満慶は、さっそく閻魔大王に菩薩戒《ぼさっかい》を授ける。のぞみをかなえられた閻魔大王はたいへん喜び、かれに一つの小箱を与えた。

現界へもどった満慶が小箱を開けてみると、なかには白米が一杯つまっていて、

食べた分だけ米が増え、いつまでも減ることがない。そのため、満慶は〝満米《まんまい》上人《しょうにん》〟と呼ばれるようになったという。

矢田寺の本尊は、地蔵菩薩《じぞうぼさつ》。

〝満米上人〟こと満慶が、篁の案内で冥界を旅したとき、地獄で見た地蔵菩薩の姿に感動し、彫り刻んだものといわれる。

言うまでもなかろうが、地蔵菩薩は閻魔大王の裁きを受けて地獄へ落とされた亡者たちを救ってくれるありがたい仏さまである。

冥界で、地蔵さまと顔見知りだったせいかどうか、小野篁も満慶上人と同じことをした。すなわち、木幡山《こはたやま》に生えていた一本の桜の大木から六体の地蔵を刻み、洛南大善寺《だいぜんじ》に奉納した。

のち、平清盛はその六体の地蔵を京へ入る街道の要所要所に置いた。

それが、京の人々に今も信仰されている〝六地蔵〟である。

①伏見地蔵（奈良街道）大善寺
②鳥羽《とば》地蔵（西国街道）浄禅寺《じょうぜんじ》
③桂《かつら》地蔵（山陰街道）地蔵寺
④常盤《ときわ》地蔵（周山街道）源光寺《げんこうじ》

⑤鞍馬口地蔵（鞍馬街道）上善寺《じょうぜんじ》
⑥山科《やましな》地蔵（東海道）徳林庵《とくりんあん》

いずれの地蔵も、大きさがちがう。もっとも大きいのは徳林庵の山科地蔵で、もっとも小さいのは源光寺の常盤地蔵である。あくまで個人的な見解だが、このなかでは白く端正な顔をした桂地蔵が私はいちばん好きだ。

例年、京都では、八月二十二日から二十三日の二日間、〝六地蔵めぐり〟という伝統的行事がおこなわれる。

むかしは六つの地蔵を、丸二日かけて徒歩でまわったそうだが、今では自動車を使い、わずか三時間足らずでまわることができる。それぞれのお地蔵さんを拝んだあと、各寺で配っている色違いの六色の札を持ち帰り、家の門口《かどぐち》に貼《は》り、無病息災、家内安全を祈る。

ここまで述べてくると、この小野篁が、これまで紹介してきたどの〝鬼狩り師〟とも異なる性格を持っていることにお気づきになるだろう。

篁は、〝魔界〟というものをいたずらに恐れてはいない。むしろ、積極的にそれに近づき、溶け込んで、共存共栄をはかろうとしている。友人の満慶上人を冥界へ連れて行き、閻魔大王に菩薩戒《ぼさつかい》を授けさせたのが、そのいい例だ。

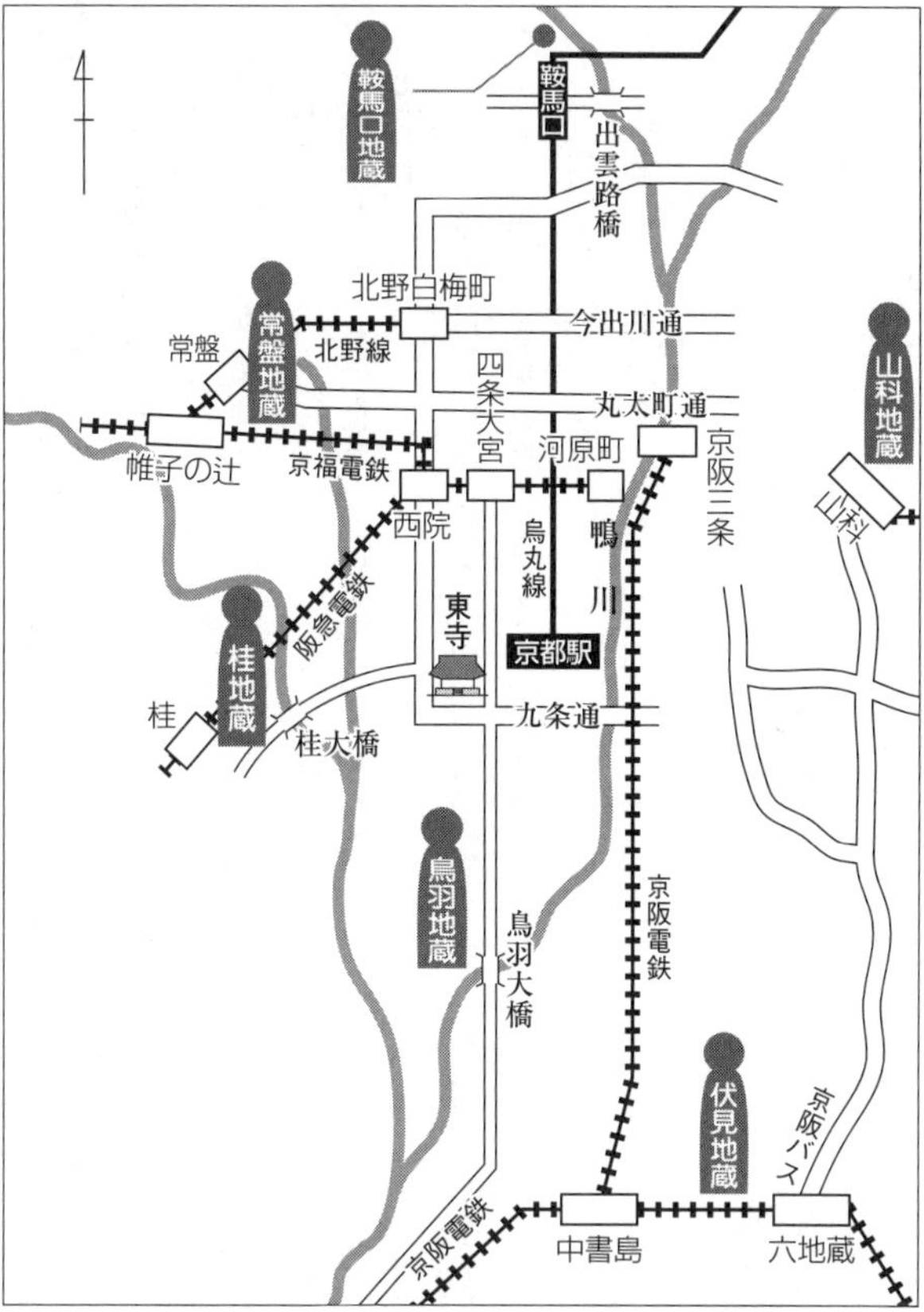

毎年８月に厄除けの札をもらい歩く六地蔵めぐりは庶民信仰も厚い。自分の家から２番目に近い所から時計まわりの方法が一番好ましいという。

これに対し、〝鬼狩り師〟の安倍晴明《あべのせいめい》や源 頼光《みなもとのらいこう》ら多くの者は、〝魔界〟と〝現界〟を対立する二つの概念として捉え、なんとか魔を封じようとしてきた。

二つの世界を融合させようとした小野篁の感覚は、当時としては、むしろ異常と言っていい。

だからこそ、『本朝神社考《ほんちようじんじやこう》』に語られているように、「不測《ふそく》」の人間として、篁は世間から気味悪がられたのである。

だが――。

この篁の考え方は、京都という町が成熟していく過程において、やがて欠くことのできない重要な意味を持ってくるのである。

4

この京都の地獄絵図を見たいか、触れたいか

——いま、ゆかしき、やすらかな〝都〟に恐怖の事実が蘇《よみがえ》る

祇園祭の背後に秘められた意味

京の七月は「祇園《ぎおん》祭」一色に染め上げられる。

七月一日の吉符《きっぷ》入りから、お迎え行列、宵山《よいやま》、山鉾巡行《やまぼこじゅんこう》、そして三十一日の疫《えき》神社夏越祭《じんじゃなごしまつり》にいたるまで、ほぼ一カ月の長きにわたって、賑《にぎ》やかな中にも古式ゆかしい祭りが繰り広げられる。

「コンチキチン、コンチキチン」

という祇園囃子《ばやし》の音を聞くと、京の人たちはそこに夏の訪れを感じる。

祇園祭の発祥は古く、平安時代の貞観《じょうがん》十一年（八六九）にはじまった。華麗な山《やま》鉾《ぼこ》が京の大路を巡行する様子は、テレビなどでも毎年紹介されているから、

「ああ、あれか」

と、思い出される方も多いだろう。京都の夏の風物詩として定着し、それを見るために訪れる観光客も多い。

しかし——。

祇園祭を見たことはあっても、この祭りの背後に秘められた真の意味を知る人は

少ないであろう。

　そもそも祇園祭は「祇園御霊会《ごりようえ》」と呼ばれ、疫病《えきびよう》を起こすと考えられていた疫《えき》神《じん》、すなわち御霊の退散を祈願して、「祇園社」（八坂《やさか》神社）の神輿《みこし》をかつぎ出したのがはじまりだった。

　神輿の前には六十六本の鉾《ほこ》（古代の武器）が立てられ、行列は「神泉苑《しんせんえん》」まで練り歩いて、そこで疫神退散のための御霊会《ごりようえ》をおこなった。

「神泉苑」はもともと、貴族の遊興《ゆうきよう》の場として造られた禁苑《きんえん》だったが、そのころから宗教行事がおこなわれる霊場と化していたので、御霊会をもよおすには絶好の場所だったのである。

　それにしても、「祇園社」（八坂神社）の神輿をかつぎ出すことが、なぜ、疫病鎮《しず》めになるのか――。

　その答えは、祇園社に祀られている神を見てみれば分かる。

　祇園社の祭神は素戔嗚尊《すさのおのみこと》。

　別名、牛頭天王《ごずてんのう》とも呼ばれた素戔嗚尊《すさのおのみこと》は、都に災いをもたらす疫神の親玉と考えられていた。

　京の人々は、御霊会《ごりようえ》をおこなうことによって、素戔嗚尊《すさのおのみこと》の怒りを鎮め、疫神の跳梁《ちようりよう》を押さえようとしたのである。

祇園囃子《ぎおんばやし》のコンチキチンを聞きながら、そんな祇園祭の由来に思いをはせてみるのも、また一興であろう。

疫神を鎮《しず》めるための神輿がかつぎ出されたのは、祇園社ばかりではない。門前の名物〝あぶり餅〟で知られる洛北《らくほく》の「今宮《いまみや》神社」でも、同様の宗教行事がおこなわれてきた。〝祇園御霊会〟に対し、こちらは神社のある場所から〝紫野《むらさきの》御霊会〟と呼ばれていた。

疫病が猛威をふるうと、この今宮神社からも素戔嗚尊《すさのおのみこと》の神輿《みこし》がかつぎ出され、神社からすぐ南の「船岡山《ふなおかやま》」で御霊会がもよおされた。船岡山は内裏の真北にあたる小高い丘で、丘の上には古代祭祀《さいし》の跡である磐座《いわくら》が残っている。いわば、霊的スポットというわけだ。

その巨石が累々と横たわる船岡山の上で、素戔嗚尊《すさのおのみこと》に祈りを捧げ、疫神の退散をはかったのだ。

今宮神社では、春四月になると、

——やすらい花

という祭りがおこなわれる。

これは、春の暖かさに誘われて活動しはじめる疫神をもてなし、すみやかにお引き取りいただこうという趣旨の祭りである。

ここから神輿をかつぎ出した八坂神社

疫神退散の御霊会《ごりようえ》が行われた神泉苑

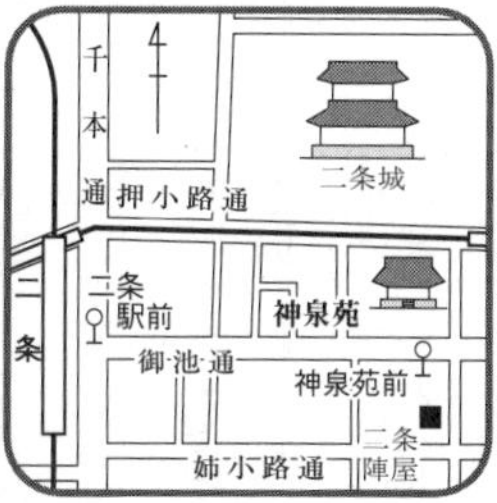

祇園祭は疫病を起こす疫神の退散を祈願するのが始まりだったという。かつては、八坂神社から神泉苑まで行列が練り歩いた。

今宮神社周辺の人たちは、笛や鉦《かね》、太鼓の調べにあわせ、

「やすらい花や……」

と囃《はや》しながら、直径二メートルはあろうかという草花で飾った緋色《ひいろ》の花笠を中心に、黒鬼、赤鬼をしたがえて神社まで練り歩く。春のおとずれを感じさせる、はなやかな祭りである。

この今宮神社の門前には、あぶり餅屋が向かい合って二軒あり、たがいに競い合うようにして客の呼び込みをしている。竹串に刺して焼いたあぶり餅を食べると、疫病に罹《かか》ることがないという。

疫病は、現代でこそ細菌やウイルスによって引き起こされる伝染病だとわかっているが、むかしの人にそうした知識はなかった。荒ぶる疫神、すなわち御霊《ごりょう》が暴れまわって、もたらされるものと信じられていた。

御霊《ごりょう》──。

それは、怨霊《おんりょう》のことである。死してなお、この世に未練を残し、さまよっている霊魂のことである。その御霊が、人を病におとしいれ、洪水を引き起こし、干ばつを起こし、天変地異を起こすと考えられていた。

祇園社の祭神素戔嗚尊《すさのおのみこと》も、じつは、高天原《たかまがはら》から追放された〝まつろわぬ神〟なのである。だからこそ、祟《たた》りをなした。

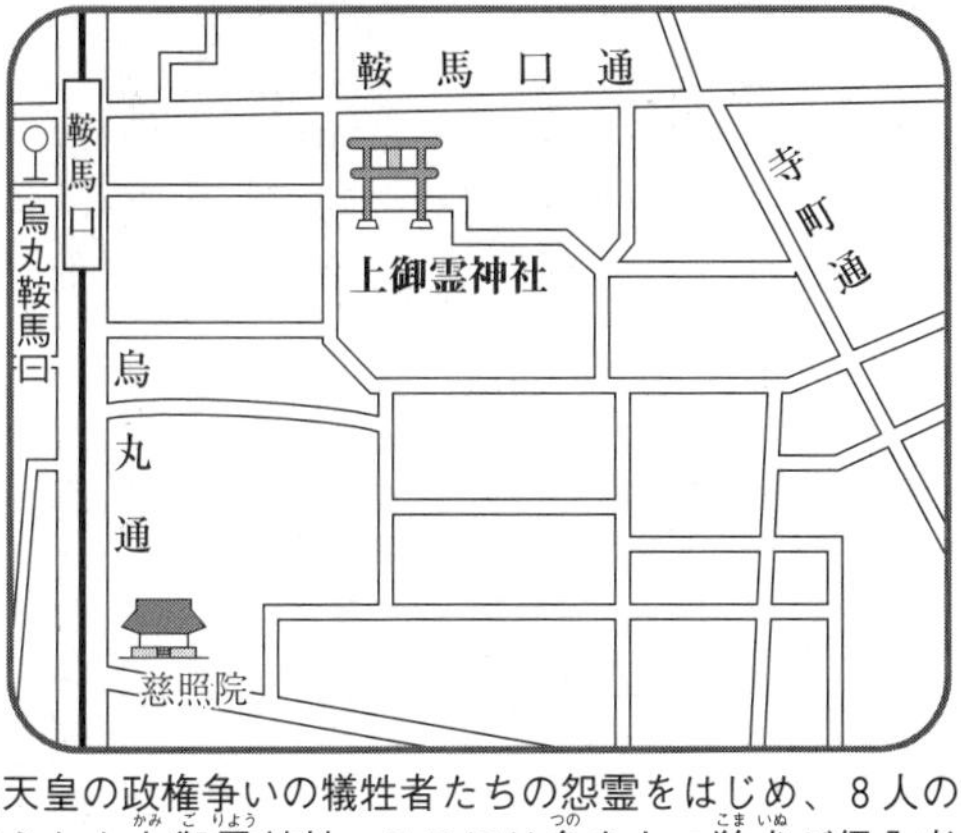

桓武天皇の政権争いの犠牲者たちの怨霊をはじめ、8人の御霊が祀られた上御霊《かみごりょう》神社。ここには角《つの》をもつ狛犬《こまいぬ》が侵入者を見張っている。

数ある御霊のなかでことに人々に恐れられたのは、政争に敗れ、恨みを呑《の》んで世を去った者たちの怨霊であった。

平安京を作り上げた桓武天皇が、みずからの政治的野望の犠牲にした実弟の早良《さわら》親王《しんのう》、異母弟の他戸《おさべ》親王、その母親の井上内親王《いのえないしんのう》らの怨霊を恐れるあまり、京の郊外に御霊社を建てて祀《まつ》ったことは、すでに第一章で述べた。これが、現在の《上御霊神社》である。

ところが、桓武天皇が死に、息子の平城《へいぜい》天皇（安殿《あて》親王）の代になったとき、前代とまったく同じ争いが繰り返された。

すなわち、天皇の異母弟の伊予《いよ》親王と、その母藤原吉子《ふじわらのよしこ》が反乱をくわだてたという大罪で、大和の川原寺に幽閉されたのである。伊予《いよ》親王母子は幽閉地で毒をあおぎ、死して怨霊となった。

二人の怨霊の祟りはすさまじく、処置に困った朝廷では、さきに建てた「上御霊神社」のすぐ近くに親王母子を祀《まつ》る新たな御霊社を造営した。《下御霊神社》である。

こうして、平安京郊外の出雲路《いずもじ》には、距離数百メートルを隔てずして、上下二つの御霊社が並び建つこととなった。

「上御霊神社」は今でも昔と変わらず出雲路にあり、境内は上御霊の森と呼ばれ

学問の神として知られる北野天満宮は、罪なくして九州に流された菅原道真の怨霊を祀ったものだった。

て、うっそうとした木立につつまれている。

鳥居の前に店を開く水田玉雲堂という菓子屋では「唐板《からいた》せんべい」を売っている。古くから上御霊神社の名物として知られた菓子で、疫病除けに効果があるといわれていた。

明治維新以前、天皇家では皇子が生まれるたびに上御霊神社に参詣するのがならわしになっていたが、そのさい必ず、疫病除けの唐板せんべいを土産《みやげ》に買っていったという。

一方の「下御霊神社」は、今は出雲路にはない。

桃山時代、豊臣秀吉が京都の都市改造をはかったときに、現在の寺町通丸太町入ル東側に移された。「上御霊神社」に比べ、こちらは境内も狭く、どことなくうら寂しい感じの神社である。

この上下二つの御霊社には、その後政争の犠牲となった人々の御霊や、古くからの御霊があわせて祭神として祀《まつ》られるようになった。その祭神とは、

〔上御霊神社〕

早良親王、他戸親王、井上内親王、藤原吉子、橘 逸勢《たちばなのはやなり》、文室宮田麻呂《ふんやのみやたまろ》、菅原《すがわらの》道真《みちざね》、吉備真備《きびのまきび》。

〔下御霊神社〕

早良親王、伊予親王、藤原吉子、橘逸勢、文室宮田麻呂、菅原道真、藤原広嗣、吉備真備。

傍点をつけた人物が、上社と下社で移動があるが、いずれの御霊社でもそれぞれ八人の怨霊を祀《まつ》っているので、

——八所《はっしょ》御《ご》霊《りょう》

と呼ばれ、恐れられた。

八所御霊のなかでも、罪なくして大宰府に左遷《させん》され、失意のうちに世を去った菅原道真は、ことに祟りがすさまじく、生前、道真のライバルだった藤原時平《ときひら》などは、怨霊の乗りうつった雷《かみなり》に打たれて死んでいるほどだ。

道真の霊をなだめるために造られた「北野天満宮」は、現在では霊験あらたかな学問の神様として庶民に愛され、親しまれている。

最も危険な方位に必ず猿がいる

尊攘《そんじょう》派《は》の志士たちが、京洛の巷《ちまた》を闊歩《かっぽ》した幕末。

文久《ぶんきゅう》三年（一八六三）五月二十日の深夜のことである。

尊攘派の公卿《くぎょう》のひとり姉小路公知《あねがこうじきんとも》は、御所での会議を終え、宜秋門《ぎしゅうもん》から外へ出た。御所からの退出が深夜にいたったのは、天皇の大和・伊勢行幸《ぎょうこう》問題が紛糾し、会議が長びいたためである。

公知は、同じ行幸推進派《ぎょうこう》の三条卿《きょう》と連れ立って門の外へ出ると、そこで卿に別れを告げた。

三条卿は南へ、姉小路公知は中条右京、鉄輪左近という二人の武士に守られ、御所の白塀ぞいに北へ向かった。

やがて、公知一行は御所の北西角を東へ折れ、「猿《さる》ヶ辻《つじ》」までやって来た。深夜のことである。あたりは不気味なまでに、ひっそりと静まりかえっている。

突然――。

何者かが放った手裏剣《しゆりけん》が、闇を裂いて飛来し、護衛についていた中条右京の足の甲《こう》に突き刺さった。

「うっ」

と、うめいて中条が膝《ひざ》を屈したとき、暗がりから二人の曲者《くせもの》が飛び出してきた。白刃《はくじん》をかざし、姉小路公知《あねがこうじきんとも》めがけて斬《き》りかかってくる。

公知は賊《ぞく》の太刀《たち》を受け、肩先から喉《のど》にかけて深手《ふかで》を負った。

応戦しようとしたが、公知の太刀を持っていた護衛の鉄輪左近は、じつは幕府方

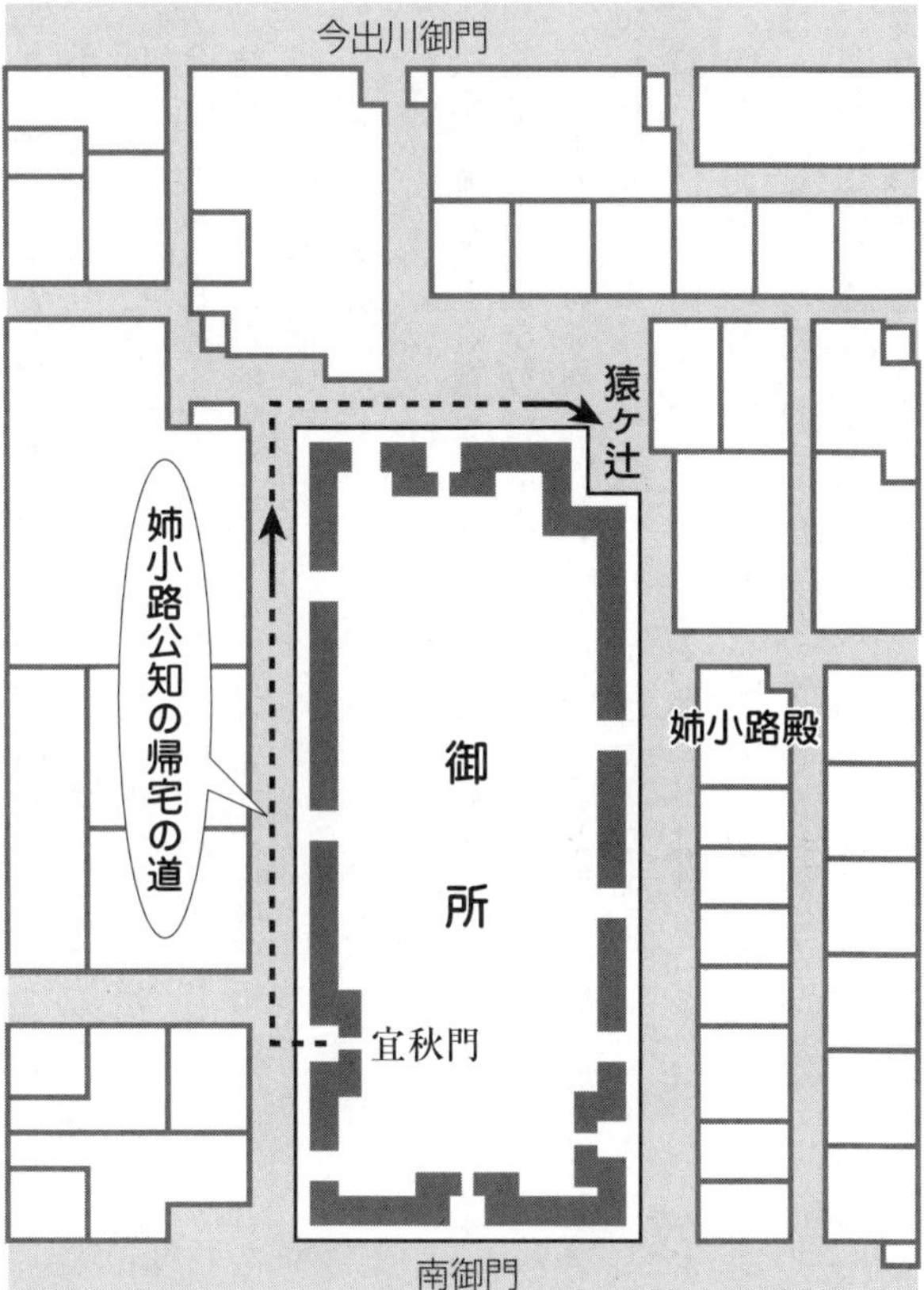

京都御所にある「猿ヶ辻」、夜中に通ると足がもつれ立っていられなくなるという。へいの角が欠いてある鬼門、すなわち北東の隅に位置しているからに違いない。

のスパイで、太刀《たち》を持ったままどこかへ雲隠れしてしまった。

手にした中啓《ちゅうけい》（公卿の持つ扇）で、必死に賊の刃《やいば》を受け流す公知。

足に傷を受けた中条が、体勢を立て直して賊に斬りかかり、一人を斬り伏せた。

もう一人の賊は形勢不利と見たか、闇のなかへ逃げ去って行く。

結局、このときの傷がもとで、姉小路公知は六日後に死んだ。

以上の顚末《てんまつ》が、世にいう、

――猿ヶ辻の変

である。

公知が賊に襲われた《猿ヶ辻》とは、京都御所の北東隅の角のことをいう。

北東隅――。すなわち、鬼門である。

京都御所を訪ねてみるがいい。血なまぐさい幕末の時代そのままの姿で、御所は現在も残っている。

「猿ヶ辻」の鬼門の位置に立ったとき、あなたは妙なことに気がつくだろう。

御所の北東隅の角がそこだけ直角に欠かれ、塀が内側にへこんでいるのだ。これは、鬼門除《よ》けのため、わざと角を欠いているからにほかならない。

さらによく見ると、塀の屋根瓦《がわら》の下に、頭に烏帽子《えぼし》をつけて御幣《ごへい》をかついだ不思議な猿の彫刻を見つけるだろう。

しかも、猿の彫刻には厳重に金網がかぶせてある。これはいったい、何を意味しているのか――。

そもそも猿ヶ辻という名は、その奇妙な猿の彫刻に由来している。

百井塘雨の『笈埃随筆』によれば、御所の鬼門には、いつの時代からか猿の彫刻が置かれ、「猿ヶ辻」と呼ばれるようになったが、それまでは「つくばいの辻」と一般に呼ばれていたらしい。

「つくばいの辻」とは、夜中にこの場所を通ると、急に足もとがふらふらし、地面に這《は》いつくばってしまう怪奇現象が起きたことからついたものとされる。

その怪奇現象は、そこが鬼の侵入口である魔所だから起きたものだろう。

姉小路公知《あねがこうじきんとも》を襲ったのは、魔界のものだった――などと、言いたいわけではない。よりによって、広大な御所のなかの「猿ヶ辻」という魔所で凶変が起きたという奇妙な符合に、私は戦慄の念を禁じえないのだ。

ちなみに、御所の猿に金網がかぶせてあるのは、猿の像が夜中に動いていたずらをなしたため、それをやめさせようとしたからだと言われる。

不思議な猿の彫刻があるのは、御所の鬼門だけではない。

京都御所の北東、すなわち鬼門の方角をたどっていくと、われわれはさらに二つの場所に猿を見いだす。

その一カ所は《幸神社《さいのかみのやしろ》》。

思い出していただきたい。あの桓武《かんむ》天皇が、京の鬼門を封じるためにもうけた呪術装置のひとつである。

神社の社殿の横にまわり込み、薄暗い格子《こうし》の奥をのぞいてみると、なんとそこには「猿ヶ辻」の猿と瓜《うり》二つの、烏帽子《えぼし》をかぶって御幣《ごへい》をかついだ猿の像があるではないか。

京の鬼門と猿――。

謎は深まるばかりである。

もう一匹の猿がいるのは、《赤山禅院《せきざんぜんいん》》。

赤山禅院は、天台座主安慧《あんえ》が仁和《にんな》四年（八八八）に建てた比叡山延暦寺の別院で、京都から比叡山にのぼる雲母口《きららぐち》に位置している。

赤山禅院は、神道と仏教が合体した神仏習合《しんぶつしゅうごう》の寺であるため、その本堂は神社のごとく本殿と呼ばれる。

本殿には、

――皇城表鬼門《こうじょうおもてきもん》
と書かれた板札がかかり、この寺（神社）が京の鬼門を守るために造られたことを、はっきりと示している。

猿の彫刻は、その赤山禅院本殿の屋根の上に置かれている。

いままでの猿が横を向いていたのに対し、ここのは真正面を向いている。だが、赤山禅院の猿も手に御幣《ごへい》を持ち、全体を金網でおおわれているなど、ほかの二匹の猿たちと共通点が多い。

京の鬼門に三匹の猿がいる。まるで、鬼門を守るかのように――。

猿という動物には、古来から、魔の侵入をくい止める霊妙な力があると信じられてきた。

インドの『ラーマーヤナ物語』では、猿は主人公の王子を助け、魔物を退治する聖なる動物として登場する。また、あの中国の『西遊記』でも三蔵法師《さんぞうほうし》の旅を助ける超能力猿、孫悟空《そんごくう》として大活躍している。

その猿の霊妙な力は、海を渡ってわが国にも伝わった。

比叡山延暦寺の守護神日吉山王神社《ひえさんのうじんじゃ》の神使《かみづかい》が猿なのは、この動物の摩訶《まか》不思議な霊力が信仰されたためである。

事実、「京都御所」「幸神社」「赤山禅院」の三匹の猿は、日吉山王の神使だとする伝承がある。

とすれば、京の鬼門に三匹の猿が置かれているのは、たんなる偶然とは言えなくなってくる。

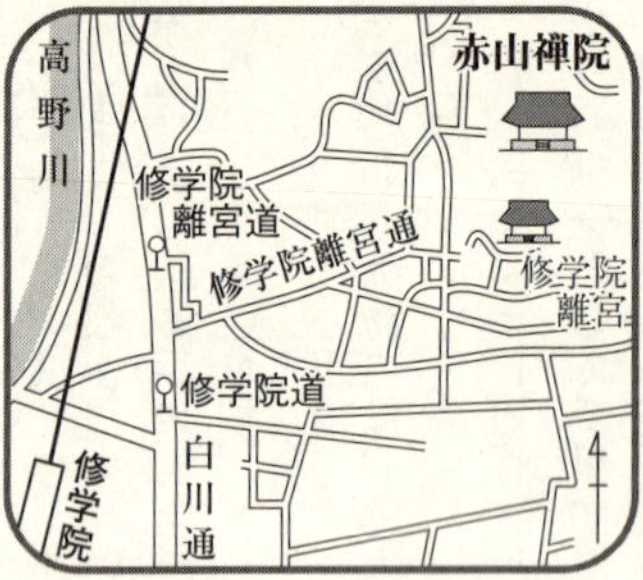

赤山禅院の鬼門の印

幸神社《さいのかみのやしろ》の猿の絵馬

御所の猿ヶ辻。幸神社、赤山禅院を結ぶ鬼門ライン上に３匹の猿が！　誰がなんの目的でつくったかはまさに霧の中。

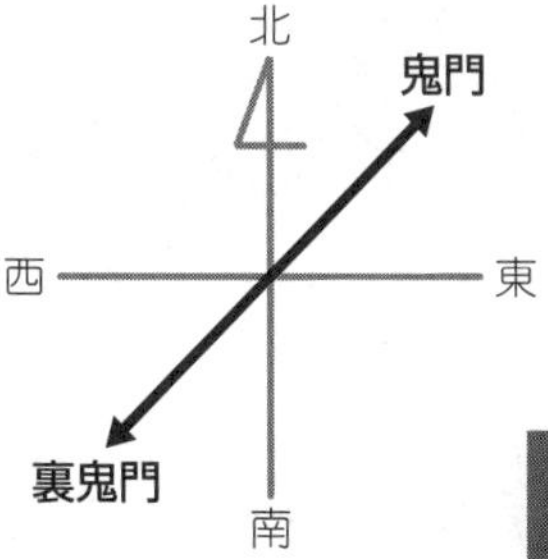

猿ヶ辻の横向き猿

御所の鬼門にある猿ヶ辻

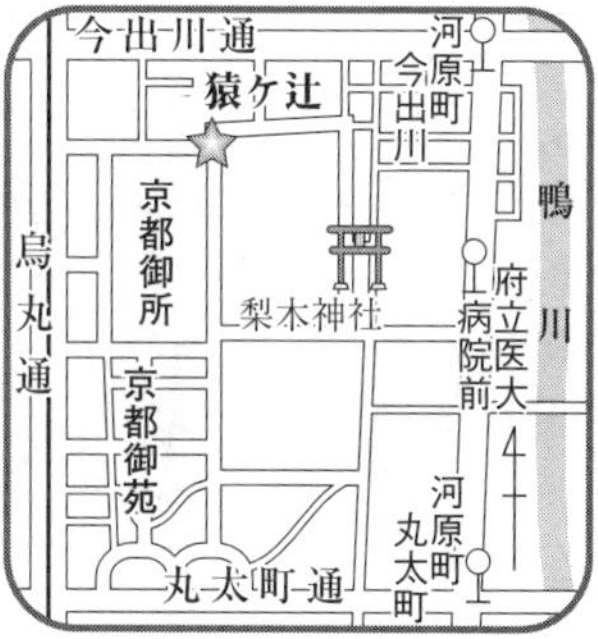

おそらく、平安京を守ろうとした何者かが、鬼門の方角に〝聖なる猿ライン〟とも呼ぶべき呪術封じをほどこしたのだ。

いったい誰が――。

結論から言えば、それは今となっては、はっきりとは分からない。

「赤山禅院」ができたのは、桓武天皇の死後、八十年以上もたっているし、現在の京都御所（土御門御所《つちみかどごしょ》）が造営されたのも、ずっと後世の室町時代に入ってからである。

したがって、〝聖なる猿ライン〟を作ったのは桓武天皇自身ではありえない。のちの何者かが猿の聖なるパワーを知っていて、京都の鬼門に猿を置いたのである。

京都を呪術的に守ろうとしたのは、桓武天皇や最澄《さいちょう》ばかりではない。平安京が成立してから、じつに一千二百年あまりの長きにわたり、新たなる呪術装置がさまざまな人々の手によってつけ加えられつづけていたのである。

その例は、いくらでも挙《あ》げることができる。

たとえば、京大のすぐ裏手にある《吉田神社》。のちに吉田神道の本拠地となったこの神社は、平安時代の貴族藤原山蔭《ふじわらのやまかげ》が貞観《じょうがん》年間（八五九―七七）に建てたもので、京の鬼門を守る目的で造られた。

鬼門はもっとも危険な方位であるから、それを守護するために造営された神社仏闇は数多い。

洛北上高野《かみたかの》の《崇道神社《すどう》》、出雲路の《鎮宅霊符神《ちんたくれいふしん》》、そして〝松ヶ崎の大黒《だいこく》さん〟と呼ばれ、商売繁盛の仏さまとして信仰を集める《松ヶ崎大黒天》もそのうちのひとつである。

このほか、京の北を守る《玄武《げんぶ》神社》、南を守る《北向山不動院《きたむきやまふどういん》》と《岩清水八幡宮《いわしみずはちまんぐう》》。

また、南西の〝裏鬼門〟の方角を守る寺としては、上久世《かみくぜ》に建てられた《光福寺》、そして、あの幕府浪士隊〝新選組〟の墓がある《壬生寺《みぶでら》》。

この裏鬼門の「壬生寺《みぶでら》」、毎年節分《せつぶん》の日になると、たいへんな賑わいをみせる。名物はほうろく（素《す》焼きの浅い土鍋）の奉納で、境内で買い求めたほうろくに家内安全などの願いごとをしるし、寺に納める。

同じく、節分の日に参詣客でごった返すのが、鬼門の「吉田神社」。ここでは、疫神祭《えきじんさい》がとりおこなわれ、鬼退散の祝詞《のりと》がとなえられる。

「鬼は外、福は内」

という掛け声で豆をまき、鬼を追い払って一年の無病息災を祈る――この伝統的な行事が、京都の〝鬼門〟と〝裏鬼門〟の寺社で盛大におこなわれるというのも、長年のあいだに京の庶民たちが培《つちか》ってきた生活の知恵のひとつと言えるだろう。

五寸釘が打ちつけられた真新しい穴

洛北に貴船《きぶね》神社という社《やしろ》がある。

京の町中を流れる鴨川《かもがわ》の源流、貴船川の水源地にあたるため、古来、水の神としてあがめられてきた。

社の脇を流れる貴船川には、夏ともなると涼しげな川床《かわどこ》がもうけられ、川面《かわも》を渡る涼気《りょうき》にあたりながら鮎《あゆ》料理に舌鼓《したつづみ》を打ち、ビールをぐいっとやるのが京の夏の風物詩のひとつとなっている。

その貴船神社のもっとも奥まったところ、うっそうとした杉林につつまれて、貴船の「奥ノ院」はある。

境内は苔《こけ》むして、昼なお暗い。

真夏の盛りでさえも、そこに足を踏み入れたとたん、言いようのない冷気を感じ、背筋にうすら寒さをおぼえてしまう。

薄暗い杉林を見渡してみると、木の幹《みき》になにやら突き刺さっているものが見える。幾歳月を経たともしれない赤錆《あかさ》びた五寸釘《ごすんくぎ》である。杉の皮を破って、深く、深く打ち込まれている。

その五寸釘——。

「丑《うし》の刻《とき》参り」に使われたものにほかならない。

いまさら説明するまでもなかろうが、「丑《うし》の刻《とき》参り」とは、深夜、草木も眠る丑三《うしみ》つ刻《どき》に呪いの藁《わら》人形を釘《くぎ》で木に打ちつけ、憎い相手を呪い殺す儀式である。

呪いを心に秘める者は、白装束《しょうぞく》の胸に鏡をかけ、高下駄《たかげた》をはき、頭に五徳《ごとく》を逆さにつけ、その五徳の足に三本のローソクを立てるという、異様ないで立ちで呪詛《じゅそ》の儀式をとりおこなう。

七日のあいだ、毎晩釘を数本ずつ打ちつづけると、七日目の満願の日には、釘を打った相手の体に激痛が走り、苦悶《くもん》のうちに死に至るという。なんとも恐ろしい儀式である。

しかも、「奥ノ院」の杉の幹には、五寸釘が打ちつけられた、まだ真新しい穴がいくつもあいている。

ということは——。

この科学万能の現代においても、不条理な怨念の炎に身を焼き、他人を呪詛《じゅそ》する人々が実在しているのだ。

「丑《うし》の刻《とき》参り」には、決してその姿を人に見られてはならないという掟《おきて》がある。呪い釘《くぎ》を打つ者は、深夜ひそかに山をのぼり、人気のない闇のなかをひた走る。髪を振り乱した白衣の女が、目を吊《つ》り上げ、相手の死を願って呪い釘《くぎ》を打ち込む姿を想像していただきたい。まさに、身の毛もよだつ図ではないか――。

今、こうしているあいだにも、それは貴船の重くじめついた闇のなかで、実際におこなわれているのかもしれない。

貴船神社の神主《かんぬし》さんから聞いた話では、神聖な霊場を汚すことにもなるので、呪いの藁《わら》人形は見つけしだい取り去っているのだという。杉の木の幹に、なまなましい釘穴がいくつも穿《うが》たれているのはそのためだ。

いくら人形を撤去しても消え去らない怨念の深さが、そこには刻みつけられているようである。

おそらく、貴船の「丑の刻参り」は、今後もやむことはあるまい。

というのも、神社側の願いとは裏腹に、そのまがまがしい習慣はすでに数百年ものあいだつづいているのだ。

能の『鉄輪《かなわ》』にも、自分から離れていった夫を呪うため、夜ごと、下京《しもぎょう》の家から洛北《らくほく》の貴船まで「丑《うし》の刻《とき》参り」をする女があらわれる。女の呪いによって、男は死にそうになるが、安倍晴明《あべのせいめい》の呪力で危ういところを救われるというのが、おもな筋書きだ。

貴船神社奥ノ院

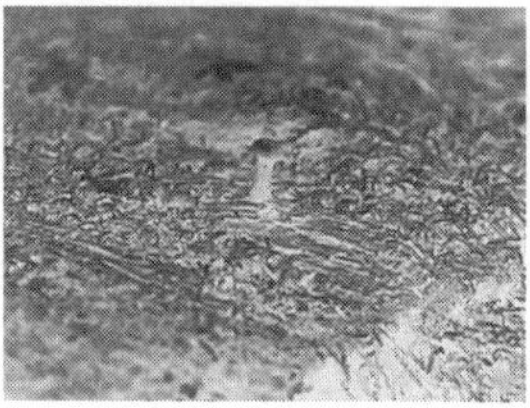

境内すみに残る釘

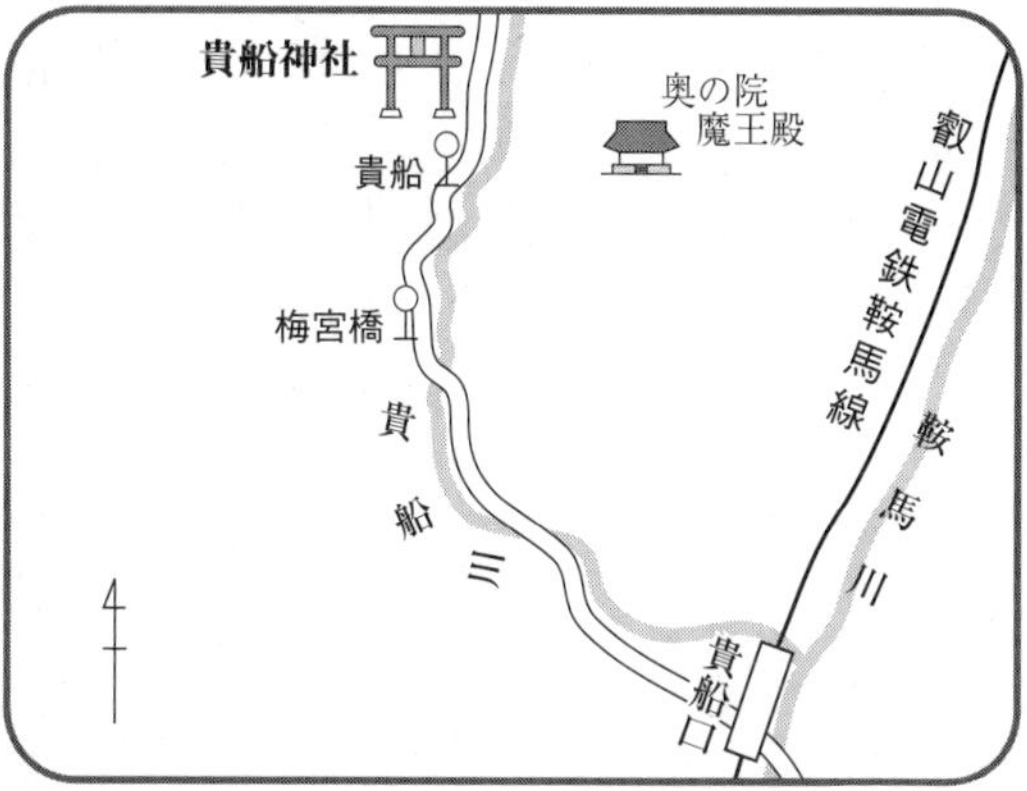

古来から水の神として信仰を集めた貴船《きぶね》神社の奥ノ院に呪い釘《くぎ》があった。呪いの藁人形は見つけ次第取り除いてしまうという話だ。

この『鉄輪』に登場する女が住んでいたといわれるのが、下京区堺町通松原下《さが》ル鍛冶屋町の路地裏で、そこには現在、《鉄輪井戸《かなわいど》》と呼ばれる井戸が残っている。井戸にはしめ縄《なわ》が張られ、小さな祠《ほこら》が祀《まつ》られている。

もしも、読者のなかに酒乱の夫に悩まされている方がいるとしたら、その井戸の水を汲んで相手に呑《の》ませてみるといい。井戸の水には、鉄輪の女の怨念により、縁切りの魔力が秘められているので、たちどころに悪縁が切れるだろう。

呪いの五寸釘が打ちつけられたのは、じつは貴船神社の奥ノ院だけにはかぎらない。あの京都随一の観光寺院、清水寺《きよみずでら》の境内でも呪いの儀式はおこなわれていた。宙にせり出した懸け造りの舞台で知られる本堂の裏側に、《地主《じしゅ》神社》という社がある。

この「地主《じしゅ》神社」、近ごろでは〝恋の神様〟としてつとに有名で、修学旅行の女子高生をはじめ、女子大生、OL、さらには色恋沙汰《いろこいざた》とあまり関係なさそうな中年の主婦までが大挙して詰めかけ、女性の参詣者でものすごい熱気である。

恋がかなうとか、良縁が結ばれるとか、そんなよしなしごとが書かれた看板が林立する境内で、真剣に祈っている若い女性の姿を見ると、そこに一抹《いちまつ》の哀れさを感じてしまうのはなぜだろうか——。

「地主《じしゅ》神社」が恋の神様と言われだしたのは、じつは最近のことではない。すで

良縁を結ぶおかげ明神

昔から恋の神様として有名な地主神社。祠の裏には丑《うし》の刻《とき》参りで打ちつけられた釘が朽ちはてた杉の木に残っていた。

に、平安時代には〝恋の神様〟として知られており、上臈《じょうろう》女房から庶民の女にいたるまで、貴賤《きせん》を問わず参拝客で賑わっていた。

「丑の刻参り」がおこなわれた杉の大木は、地主神社の境内、〝おかげ明神〟という祠《ほこら》の裏にある。

よほど老木らしく、木の上のほうが腐って欠け落ちている。

その幹を見てみると——。

たしかに、釘を打ちつけた穴が無数にあいている。

——はあ……。

と、感心しながらふと顔を上げると、祠《ほこら》の前で両手を合わせるＯＬの姿があった。

縁結び、厄除け、学業成就の真実

京に住む人々と魔界とのかかわりを眺《なが》めてくると、庶民たちが、平安京を造った桓武天皇とちがい、いたずらに魔界を恐れてはいないことに気づく。

桓武天皇は、みずからの心にやましいところがあった。だからこそ、自分が死に追いやった者たちの怨霊をことさら恐れたのである。

たしかに、平安庶民にとっても怨霊がもたらすと信じられていた天災、疫病のたぐいは恐ろしかったであろう。

あそこは化け物が出る場所だと聞けば、誰でも近づきたくはない。

しかし、直接的な怨霊の祟りにおののいていた桓武天皇とは異なり、かれらには切迫した恐怖感はない。

これまでも見てきたように、むしろ異界のものどもの魔力をなんらかの形でうまく利用できないか――と、考えているようなふしがある。

それは、貴船や地主《じしゆ》神社の「丑《うし》の刻《とき》参り」のように、負のベクトルに向かうこともあれば、北野天満宮の「学業成就」や八坂神社の「無病息災」に見られるように、正のベクトルに向かって使われる場合もある。いずれにしても、京の庶民たちが異界から発せられる魔力によって、みずからの運命を変えようとしていたことはまちがいない。

時代が下るにつれ、桓武天皇が王城鎮護《ちんご》のためにもうけた呪術装置は、しだいにその本来の意味を失い、庶民のご利益をかなえる霊験あらたかな寺や神社に変貌《へんぼう》していくのである。

《大将軍八神社》→方除《ほうよ》け
《幸神社《さいのかみのやしろ》》→縁結び
《上御《かみご》霊神社《りょうじんじゃ》》→厄除け
《貴船神社《きぶねじんじゃ》》→縁結び
《赤山禅院《せきざんぜんいん》》→方除け
《城南宮》→方除け
《東寺》→学業成就
《松尾《まつお》大社《たいしゃ》》→縁結び
《下鴨《しもがも》神社》→縁結び
《剣《つるぎ》神社》→疳《かん》の虫封じ
《愛宕《あたご》神社》→火伏せ
《大原野神社》→縁結び

このほか、桓武天皇の呪術装置とは関係ないが、安倍晴明の屋敷跡に立てられた《晴明神社》は、諸願成就のほか、子供の命名や人生占いにやってくる人があとを絶たないし、疫病を除く御霊会《ごりょうえ》のもよおされた《神泉苑《しんせんえん》》には、病気平癒《へいゆ》の祈願にくる人が多い。

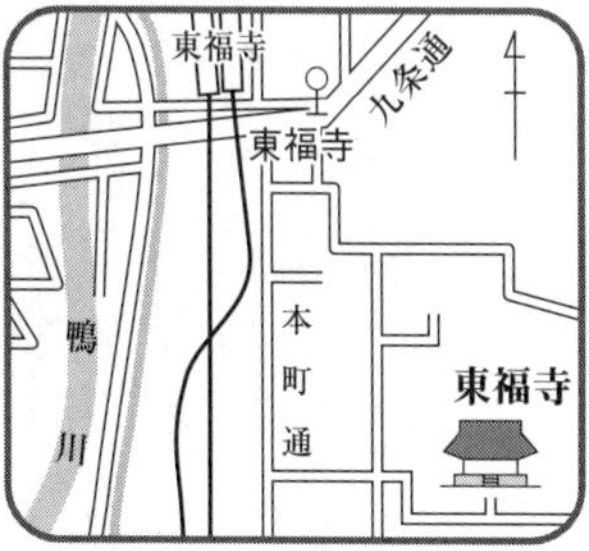

東福寺奥にある鞍馬山の魔王が降臨するという魔王石。石は御《み》簾《す》に隠され、下のわずかな部分しか見えない。

奇妙な信仰もある。

たとえば、東福寺にある《魔王石《まおういし》》。

高さ一・五メートル、幅一メートルくらいの灰色の自然石が御堂のなかに鎮座している。「魔王石」という名前のとおり、この石には、鞍馬山《くらまやま》の魔王が降臨するといわれる。石にお参りし、魔王に祈りをささげて厄除《やくよ》けを祈願する人が多い。

《菊野《きくの》さん》。

河原町通の法雲寺にある。

ここもやはり、御堂の中に自然石が祀《まつ》られている。その石を拝むと悪縁が切れるといわれ、夫と愛人を別れさせたい、気に入らぬ嫁を息子と離縁させたい、娘につきまとっている悪い男を追い払いたいなど、さまざまな縁切り祈願のために人々は「菊野さん」をおとずれる。

そのため、花嫁行列はこの「菊野さん」の前を、決して通らなかったという。

縁切りと言えば、洛東にある《安井金比羅宮《やすいこんぴらぐう》》がその道では有名だ。

朱塗りの拝殿《はいでん》の前には、「祈縁切《いのる》」と書かれた絵馬が無数にかかっている。筆者は雨の日の夕暮れどき、その拝殿の軒下で雨宿りをしながら、絵馬を何げなくのぞき込んだことがあるが、あまりの生々しさに思わず怖《おぞ》けだった。

「夫〇〇が、前妻とその子〇〇〇と縁が切れますように、二度と会うことのないように」

「〇〇子が〇〇〇〇の教祖と縁が切れますようにお願いいたします。元のような娘に戻りますように、どうか新しい良縁が授かりますようにお願いします」

「長女が今つきあっている男性は好ましからざるに依《よ》り、縁切りをよろしくお願いします」

ここに挙げたのは、絵馬のほんの一例にすぎない。

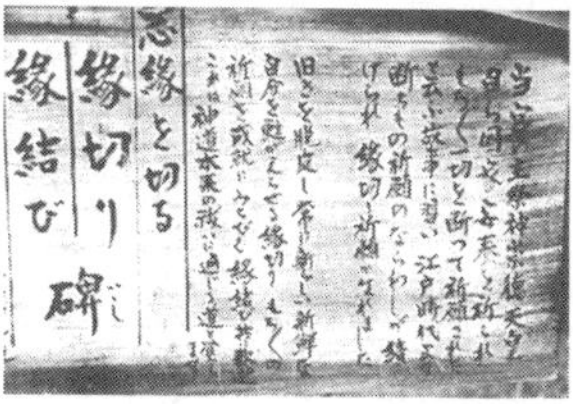

縁切りで有名な安井金比羅宮。さげられた絵馬の生々しさは心にせまるものがある。

呪いの五寸釘《くぎ》も怖いが、ここには人間の生の声が出ているだけに、もっと直接的な怖さがある。

「鉄輪《かなわ》井戸」をたずねたとき、井戸の近所に住む主婦がこんなことを言っていたのを思い出す。

「この井戸に祈れば、そりゃよう効きますけどな、めったなことで祈ってはいけまへん。最後には、自分のほうに報《むく》いがやってきますよって」

人を呪う祈願は、また自分をも滅ぼすことになる。京に古くから住む人たちは、そのへんのことをよく知っている。

京の町中を歩くと、町の辻ごとに小さな地蔵の祠《ほこら》が祀《まつ》られているのに気づく。どの祠もきれいに手入れされ、お供《そな》えの菓子や花が絶えることがない。

八月二十二日の地蔵盆の日には、地蔵さんの祠に「南無地蔵大菩薩《なむじぞうだいぼさつ》」の提灯《ちょうちん》が飾られ、その前にゴザを敷いて子供たちが遊ぶ。地蔵は、幼い子供たちを災厄《さいやく》から守ってくれる仏さまである。

日本のなかで、京都ほど地蔵信仰が暮らしのなかに根づいている町はないであろう。

地蔵信仰ばかりではない。

京の人々は、多くの日本人が失ってしまった神や仏に対する畏敬《いけい》の念を、今もたしかに持ちつづけている。
それゆえ、京都には深い闇の世界もまた残っているのである。

5 清盛、信長、秀吉の魔の運命が明らかになった

――この闇の歴史を知ってしまった衝撃

闇の帝王となった上皇の呪い

洛北《らくほく》大原の里に、魔の山がある。

その名は《金毘羅山《こんぴらやま》》。奇岩のそそり立つ怪奇な山容の山で、大原の里人から魔所として恐れられていた。

『山州名跡志《さんしゅうめいせきし》』によれば、山の頂《いただき》には火壺《ひつぼ》、風壺、雨壺という天然の石窟があり、大原の里人は干ばつがつづくと、山にのぼって雨乞《あまご》いをしたという。

〝大原の雑魚寝《ざこね》〟で知られた江文《えぶみ》神社のわきから、一時間半あまりかけて山頂へのぼってみると、天然の石窟なるものは崩れてしまったのか、現在はどこにも見当たらず、「三壺大神《みつぼたいじん》」と彫られた石碑と半壊した五輪塔《ごりんとう》だけが残っている。

そのまわりには巨石が転がっているので、おそらく古代祭祀《さいし》の遺跡〝磐座《いわくら》〟の跡であろう。

山の頂から五十メートルほど下った九合目あたりに、

――琴平元宮《ことひらもとみや》

という、こぢんまりとした社《やしろ》がある。

琴平元宮からは展望がひらけ、じつに眺めがいい。晴れた日には、緑の山々の向こうに京都の町並みが白く光って見える。

じつは、この「琴平元宮」の社の下には、非業《ひごう》のうちに死んだ崇徳院《すとくいん》の使っていた遺物が埋められているのである。

崇徳院《すとくいん》は、平安時代末期の元永《げんえい》二年（一一一九）、鳥羽《とば》天皇の第一皇子として生まれ、わずか五歳のときに父の跡を継いで天皇の位についた。

だが、上皇《じょうこう》になった鳥羽院《とばいん》に嫌われ（じつは、鳥羽院《とばいん》の息子ではなく、祖父白河院《しらかわいん》の子であったため）、二十二歳のときに無理やり退位させられた。

その後、鳥羽院の院政のもとで冷遇《れいぐう》されつづけた崇徳院《すとくいん》は、父鳥羽院《とばいん》の死をきっかけについに挙兵に踏み切った。世に名高い保元《ほうげん》の乱である。

しかし、反乱は失敗。

崇徳院《すとくいん》は捕らえられ、讃岐白峰《さぬきしらみね》（香川県高松市）へ流されて、八年間の配所暮らしのすえ、四十六歳で生涯を終えた。まさに無念の一生である。

配所生活の途中、崇徳院《すとくいん》は父鳥羽院の菩提《ぼだい》を弔おうと、「大乗経《だいじょうきょう》」を五部したためて京へ送ったが、当代の天皇を呪詛《じゅそ》しているのではないかと疑われ、朝廷側に受取を拒否された。

崇徳院《すとくいん》は怒りに震えた。

戦いに負けたのは自分に運がなかったから仕方がないが、肉親の菩提《ぼだい》をとむらう経文《きょうもん》まで疑うとは――。

その日から、崇徳院《すとくいん》は髪も爪《つめ》も伸び放題にし、生きながら天狗《てんぐ》の姿となった。そして、みずから〝大魔王《だいまおう》〟となって世を呪うべく、舌をかみ切り、したたり落ちる血で「大乗経《だいじょうきょう》」の奥に呪詛《じゅそ》の誓文を書きつけて、これを瀬戸内の海に沈めた。

髪をざんばらに振り乱し、落ち窪《くぼ》んだ目をぎらつかせて、ただひたすら京都の方角に怨念を燃やしつづける院の姿は、想像するだけで鬼気迫《せま》るものがある。

そんな崇徳院《すとくいん》であるから、死後も遺骨の入京を拒否され、墓は讃岐《さぬき》の白峰《しらみね》にいとなまれた。

崇徳院《すとくいん》に仕えていた女房のひとり大納言典侍《だいなごんのすけ》は、院の無念の思いをなぐさめるため、遺品をひそかに京に持ち帰って、都を見下ろす大原の山に埋め、その上に讃岐の金刀比羅宮《ことひらぐう》を勧請《かんじょう》して祠《ほこら》を建てた。

それが、金毘羅山にある琴平元宮《ことひらもとみや》である。

元宮からやや下ったところに、新宮がある。山頂近くの元宮に参拝するのが大変なため、昭和四十一年になって、山の中腹に建てられたものだ。

境内で草を刈っている、細おもての品のいいお婆さんがいたので声をかけてみると、私はこの神社の巫女《みこ》だという。巫女というと結婚式場などにいる若い娘を想像

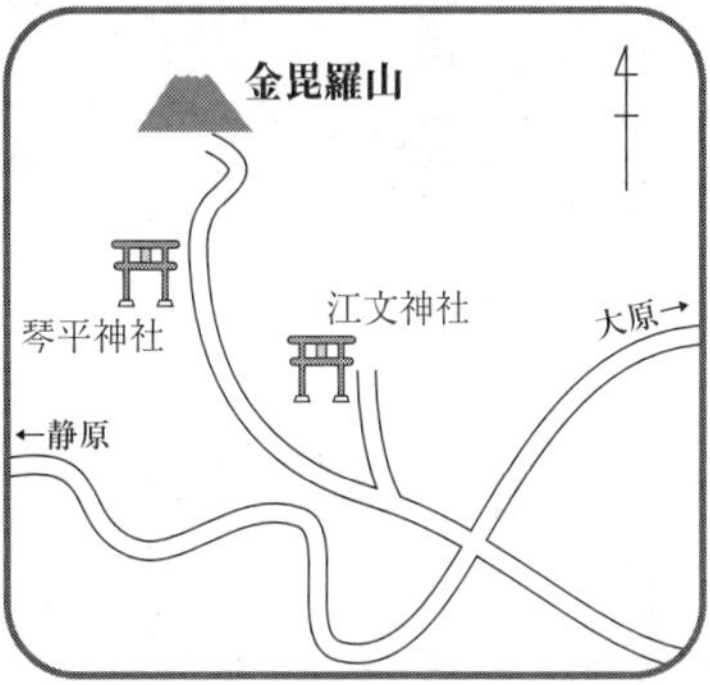

金毘羅山《こんぴらやま》の険しい山道を一時間半上り切ると、急に京都の全景が開ける。保元の乱で敗れ、二度と京に戻れなかった崇徳院が自分を苦しめた者どもを残らず祟《たた》ろうと、金毘羅山から京を見おろしているという。

しがちだが、若い娘だって年を取れば老婆になる。

その老巫女さんが、

「私がここの巫女になったのは三十三歳のときでございました。神主さんにお仕えしていたのですが、神主さんが亡くなられてからずっと、毎日ふもとから山へのぼってきては掃除をしているのです」

と、いう。

見れば、山中の神社にもかかわらず、境内は塵《ちり》ひとつないほどに掃き清められている。水の豊かな場所で、剥き出しになった土の斜面のどこに管を挿しても清水が湧き出てくるそうだ。水が豊富なせいか、苔《こけ》や草木があおあおとし、生命力に満ち溢れてじつに美しい。汚れた俗世とはまったく無縁の、まるで別天地のようなところである。

「空気がおいしいし、水もおいしい。下へ帰ると、胸が苦しくなってしまうんでございます」

と、巫女さんは言ったが、まったく同感である。

話が横道へそれてしまった。崇徳院《すとくいん》に話をもどそう。

崇徳院の祟《たた》りはすさまじかった。院の死後、平安京では飢饉《ききん》、大火などが相次ぎ、ついには二条天皇までもが頓死《とんし》する事態に至った。

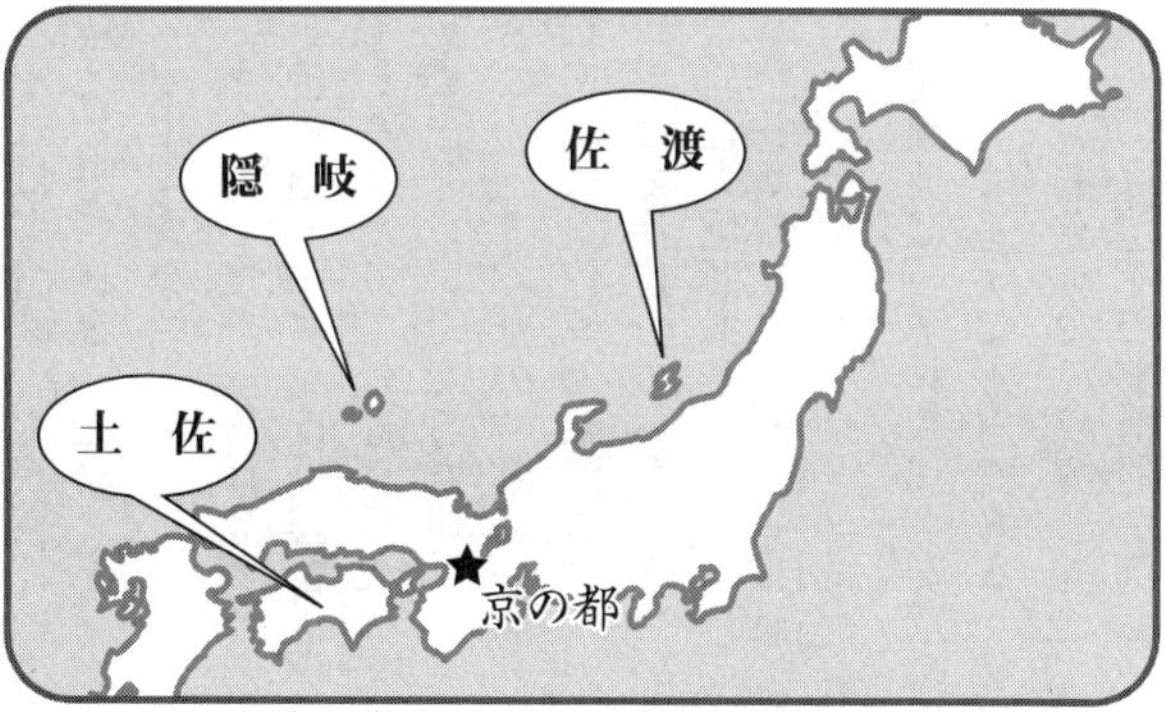

承久の乱で、後鳥羽院《ごとばいん》は隠岐へ、順徳院《じゅんとくいん》は佐渡へ、土御門院《つちみかどいん》は土佐へ流された。3人の上皇の配流地は全て京から見た鬼門、裏鬼門などスミの方角だった。

それもそのはずである。

崇徳院は〃大魔王〃となることを望んで死んだのだ。ただの祟《たた》りでおさまるはずがない。

崇徳院の怨霊を鎮《しず》めるため、朝廷では保元の乱の古戦場である洛東の春日原に「粟田宮《あわたぐう》」を建て、さらに今の祇園《ぎおん》の南側あたりに院の肖像画を安置する「御影《みえい》堂《どう》」を建てた。

その後、この御影堂《みえいどう》を吸収したのが、例の悪縁切りで名高い「安井金比羅宮《やすいこんぴらぐう》」で、神社の縁切りの霊験は、じつは〃大魔王〃となった崇徳院《すとくいん》の呪いによるものだったのである。

ところで――。

崇徳院《すとくいん》はなぜ、讃岐《さぬき》白峰に流されたのか。

それは、讃岐の地が京都の南西の方角、すなわち〝裏鬼門〟にあたるからだ、と私は考えている。

――ばかな。

と、たいていの方は思われるだろう。

配流《はいる》地が〝表鬼門〟〝裏鬼門〟などというのは、少々考えすぎではないかと――。

いや、そうではない。たとえば、後鳥羽院《ごとばいん》が鎌倉幕府に対して挑んだ承久《じょうきゅう》の乱を思い出していただきたい。

このとき、乱の首謀者であった後鳥羽院は隠岐《おき》へ流され、順徳院《じゅんとくいん》は佐渡へ、土《つち》御門院《みかどいん》は土佐へと配流されている。

ここで注目していただきたいのは、三人の上皇が流された配流地の、京都を基点にした方位である。

隠岐《おき》は乾《いぬい》（北西）。佐渡は艮《うしとら》（北東）、すなわち〝鬼門〟。そして、土佐は坤《ひつじさる》（南西）で〝裏鬼門〟。

配流地はいずれも、平安京のスミの方角にあたっている。

スミは危険な方角である。なぜならそこは、〝鬼界〟に通じているからだ。

平家打倒のクーデターを企てて失敗した俊寛が、〝裏鬼門〟の「鬼界ヶ島」へ流されたのは、その象徴的な例といえよう。

罪をおかした人物を、人間の世界から追放するには、鬼の棲《す》むスミの方角へ送り込むという掟《おきて》があった。これは、古代の法律である律令《りつりょう》にもはっきりと定められている。

崇徳院《すとくいん》もまた、そのスミの〝裏鬼門〟へと流されたのである。

崇徳院は都の〝裏鬼門〟で舌を食いちぎり、血書をしたため、〝大魔王〟となった。そして、恨《うら》みを呑んで死んでいったすべての怨霊の上に、「闇の帝王」となって君臨したのである。

地獄の入口に居を構えた平清盛の作戦

崇徳院《すとくいん》が讃岐《さぬき》に流された保元《ほうげん》の乱、それはまた、武士という新しい階級の台頭《たいとう》を告げる合戦でもあった。

このときの勝利者のひとりとなった平清盛《たいらのきよもり》は、つづいて起こった平治《へいじ》の乱で、ライバル源義朝《みなもとのよしとも》を葬り去って武家全体の棟梁《とうりょう》にのし上がり、

――平家にあらざれば人にあらず

という、栄華の時代を築き上げた。

その平家一門が館《やかた》を構えたのが、

「六波羅《ろくはら》」である。六波羅は平安京の町中ではなく、鴨川をへだてた郊外の洛東《らくとう》の地にあった。

平家の全盛時代、この六波羅には「泉殿《いずみどの》」「池殿《いけどの》」「小松殿《こまつどの》」など、平家一門の壮麗な屋敷百七十あまりが立ち並び、みごとな景観をほこったという。

ところが――。

この六波羅という土地、当時としては最高級の宅地だったわけではない。どちらかといえば、うら寂しく、不気味な印象の強い土地であった。

六波羅という土地の名も、じつは、

――髑髏原《どくろはら》

という俗称から来ていて、じっさい、平家の六波羅館のまわりには、野ざらしの人骨がごろごろしていたらしい。

というのも、この六波羅、平安京の葬送地鳥辺野《とりべの》の一画だったのである。葬送地であれば、人骨が転がっているのもあたりまえである。

清盛が館を構えた六波羅の地は、今たずねても一種異様な雰囲気が漂っている場所だ。じつに抹香臭《まっこうくさ》いところで、中世の闇のようなものが今でも濃厚に残っている。

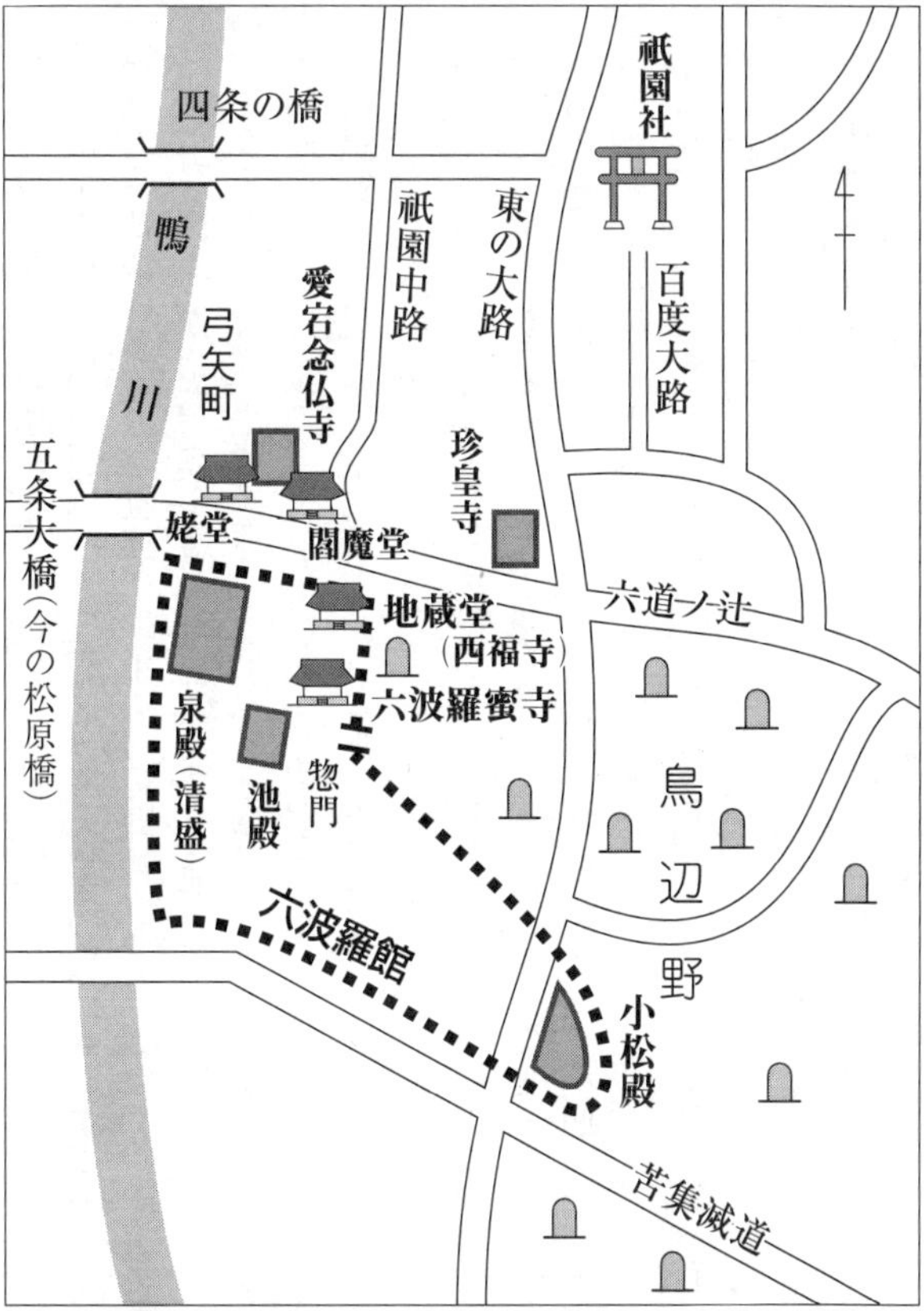

清盛が屋敷を構えた場所。人骨がころがっていたという鳥辺野は現在でも不気味な雰囲気がただよう。こんなところを住居に選んだ清盛の狙いは何か。

たとえば、平家の屋敷跡に建つ六波羅蜜寺《ろくはらみつじ》。

町中の小さな寺だが、宝蔵庫に所狭しと並ぶ仏像の数がものすごい。

それらの仏像の多くは、貴族や武士が鳥辺野《とりべの》にいとなんだ私堂《しどう》（家の祖先を供養する私的な御堂）が朽《く》ち果てたとき、寺へ運び込まれてきたもので、なかには、かの有名な重要文化財「平清盛像」もある。ところがその清盛像、私堂のなかにあったものゆえ、じつは誰の像やらかいもく分かっていないのが真相らしい。

六波羅蜜寺から北へ五十メートルほど歩いたところに、「西福寺《さいふくじ》」という寺がある。

狭い境内に入ると、赤い提灯《ちょうちん》が灯《とも》され、青銅製の竜の口から清水がしたたり落ちるという、なんとも不気味な雰囲気がある。だが、さらにおどろおどろしくなるのは八月の精霊会《しょうりょうえ》のときで、寺の本堂には「六道絵《ろくどうえ》」や「十王図《じゅうおうず》」などの地獄絵がつるされ、住職による地獄の絵解きがおこなわれる。

小野篁《おののたかむら》の冥界《めいかい》通いの井戸がある「珍皇寺《ちんこうじ》」は、そこから松原通を東へ百メートルばかり行ったところ。

寺の門前近くの茶舗《ちゃほ》に、

――幽霊子育飴《ゆうれいこそだてあめ》

という、恐ろしい名前の飴《あめ》が売られている。

清盛が館を構えた六波羅は鳥辺野《とりべの》という墓場の一角であった。
六波羅は〝髑髏原《どくろはら》〟という俗称からきたと言われる。

名前に〝幽霊〟を冠した飴が堂々と売られているところに、この六波羅という土地の特殊性を感じざるをえない。

西福寺のやや西、弓矢町《ゆみや》の路地奥に「愛宕念仏寺《あたぎのねんぶつじ》」の跡がある。

かつて六波羅には、

「姥堂《うばどう》」（廃寺）
「閻魔堂《えんまどう》」（廃寺）
「愛宕《あたご》念仏寺」（移転）
「西福寺」（現存）
「珍皇寺」（現存）
「六波羅蜜寺」（現存）

という六つの寺が並んでおり、それぞれの寺で、鳥辺野へ運ばれる死者に引導を渡したという。

愛宕念仏寺はその六つの寺のうちのひとつであったが、明治になり、嵯峨野《さがの》の奥の鳥居本《とりいもと》へ移された。

この愛宕念仏寺の門前の弓矢町には、かつて「犬神人《つるめそ》」と呼ばれる祇園《ぎおん》社（八坂神社）の神人《じにん》たちが住んでいた。

犬神人《つるめそ》と呼ばれるのは、

「弦召《つるめ》せえ」

と叫びながら、弓の弦《つる》を売り歩いていたためで、かれらは祇園社の境内や祇園御《ご》霊会《りょうえ》のさいの神幸路の清掃にあたり、また、延暦寺配下にある祇園社の武力の中心として活躍した。

かつて、愛宕念仏寺の客殿《きゃくでん》では、正月二日の夜になると、犬神人《つるめそ》たちにより酒宴がおこなわれた。酒宴ののち、かれらは杖《じょう》で壁や床《ゆか》をたたき、法螺貝《ほらがい》を吹き鳴らし、太鼓をたたいて大騒ぎしたので、〝天狗《てんぐ》の酒盛り〟と呼ばれていたという。

こうして書いてくると、六波羅という土地がいかに異様なところであるか、十分お分かりいただけると思う。

その土地に、平家一門は館を構えた。

なぜ――。

じつは六波羅という土地、たんに抹香《まっこう》臭く寂しいばかりのところではなかったのである。

平家の六波羅館の北を通る松原通は、別名〝清水坂《きよみずざか》〟とも呼ばれ、今も庶民に人気のある「清水寺」へのぼる表参道にあたっていた。坂には参詣客めあての白拍子《しらびょうし》（男装の遊女）や遊《あそ》び女《め》たちも住んでいた。

さらに、六波羅館の南を通る〝苦集滅道《くずめじ》〟は、東へ行けば山科《やましな》へ出て東海道とまじわり、西へ行けば洛中《らくちゅう》を経て山陰道《さんいんどう》と重なる幹線のひとつであった。つまり、〝地獄の入口〟というまがまがしい呼称とは裏腹に、六波羅は東西の道の接点となる交通の要衝《ようしょう》でもあったのだ。清盛が六波羅に館を構えた要因のひとつに、この交通の便があったことはたしかだろう。

だが――。

筆者は想像する。

平清盛は、六波羅の地に館を構えることによって、そこに住む「犬神人《つるめそ》」「白拍《しらびょう》子《し》」など、いわば異類異形《いるいいぎょう》の者たちを掌握《しょうあく》していたのではないだろうか。

根拠はある。

『平家物語』には、清盛が緋色《ひいろ》の衣を着たおかっぱ頭の〝禿童《かむろ》〟という者を京洛《けいらく》に放ち、さまざまな情報の収集にあたらせたという記事がある。京の人々は、その禿童をたいへん恐れた。いわば、かれらは人の罪を暴《あば》いて密告する、秘密警察のようなものであった。

清盛が使った禿童とは、いったい何者なのか――。

私はそれこそが、六波羅を本拠地としていた犬神人《つるめそ》ではなかったかと考える。

「つるめその緋縅《ひおどし》着たる暑さかな」

という句があるように、犬神人《つるめそ》は祇園御霊会《ぎおんごりょうえ》(祇園祭)のとき、緋縅《ひおどし》の衣《ころも》を着て行列の警護にあたった。その髪は髷《まげ》を結わず〝童形《どうぎょう》〟、すなわち、おかっぱ頭であった。

つまり、犬神人《つるめそ》とカムロは同一の者たちであった可能性が高い。

また、清盛が白拍子《しらびょうし》を寵愛《ちょうあい》していたことは、『平家物語』の祇王《ぎおう》・祇女《ぎにょ》の話などでよく知られている。白拍子《しらびょうし》は貴族や武士の宴席にはべるため、重要な情報をつかむことができた。おそらく清盛は、清水坂に住む白拍子《しらびょうし》たちを女スパイがわりに使っていたのではないだろうか。

清盛は「犬神人《つるめそ》」「白拍子《しらびょうし》」などの異類異形の者たちを使い、対岸の平安京を陰から操縦していた。

平清盛――。

かれは、みずからを魔界におくことにより、その魔界の発するマジカルパワーを政治に利用しようとした、歴史上最初の人物だったのではないだろうか。

信長が比叡山を焼かねばならなかった理由

平清盛が魔界に住むことによって平安京に魔力を発現しつづけたように、その後

野心家として知られる信長は諸国から鬼神ばかりを集めていたという。その呪力によって何をしようとしていたのか。

のわが国の為政者たちは、多かれ少なかれ、魔界のマジカルパワーを政治に利用した。

京へ上洛《じょうらく》を果たした戦国武将でさえ、それは例外ではない。

戦国最大の風雲児織田信長《おだのぶなが》も、魔界を利用した者のひとりであった。

信長という男は、神も仏も信じなかった。

神仏をあがめるかわりに、〝盆山《ぼんざん》〟という盆石のような石を自分自身だと思って拝むようにと、奇妙なお触れを出している。信長にとっては、自分こそがこの世を統《す》べる最高の存在であり、神や仏はその下にひざまずく臣下のごとき存在にすぎなかった。

つまり、信長は神や仏の上に立とうと

したのである。

しかし、かれは魔界の持つマジカルパワーを否定したわけではない。安土城の摠《そう》見寺《けんじ》に、諸国から霊験あらたかだといわれる仏像を集め、みずからの分身である〝盆山《ぼんざん》〟を、それらの仏像よりも高い位置にすえた。

弁財天《べんざいてん》
魔多羅神《またらしん》
牛頭天王《ごずてんのう》

信長が摠見寺《そうけんじ》に置いたこれらの神仏は、いずれも〝荒ぶる神〟、いわゆる〝鬼神〟ばかりである。となると、信長がやろうとしていたのは何か、その答えがおのずと見えてくるではないか。

信長は〝鬼神〟を祀《まつ》ることにより、大いなる魔界のマジカルパワーをみずからの野心に利用しようとしたのだ。〝鬼神〟たちの呪力により、「魔王」と化した信長が、京の鬼門を守る比叡山延暦寺を焼き打ちにしたのは、その象徴的な出来事かもしれない。

小瀬甫庵《おぜほあん》は『信長記《しんちょうき》』のなかで書いている。

「鬼神を敬い、社稷《しゃしょく》の神（国家の守り神）を祭り給わざるによって、ついに天神地祇《てんしんちぎ》の守りなく、早く亡《ほろ》び給う者か」

帝王の墓の上に城を建てた秀吉の誤算

信長は、覇業《はぎよう》なかばにして、明智光秀《あけちみつひで》の謀叛《むほん》により斃《たお》れた。鬼神を祀《まつ》ったがゆえに、神仏に見離されたというのが小瀬甫庵の説である。

鬼神を祀ったから非業の死を遂《と》げたのか、鬼神の助けがあったからこそ、戦国乱世をそこまで生き抜くことができたのか——ほんとうのところは誰にも分からない。

信長のあとを継いで天下統一を果たしたのが、豊臣秀吉である。

天下人となった秀吉は、みずからの住まいとして、内裏《だいり》の跡地（平安時代の中ごろから天皇は内裏を出て貴族の邸宅に移り住んだ。そのため内裏は荒廃していた）に荘重華麗な聚楽第《じゆらくてい》を築いた。そして、京都のまわりにぐるりと濠《ほり》を掘り、〝御土居《おどい》〟と呼ばれる土塁《どるい》でかこった。

秀吉は、

「攻めるに易く、守るに難し」

といわれた京の都を、鉄壁の守りをほこる大陸風の城塞都市《じようさいとし》に変貌《へんぼう》させようとし

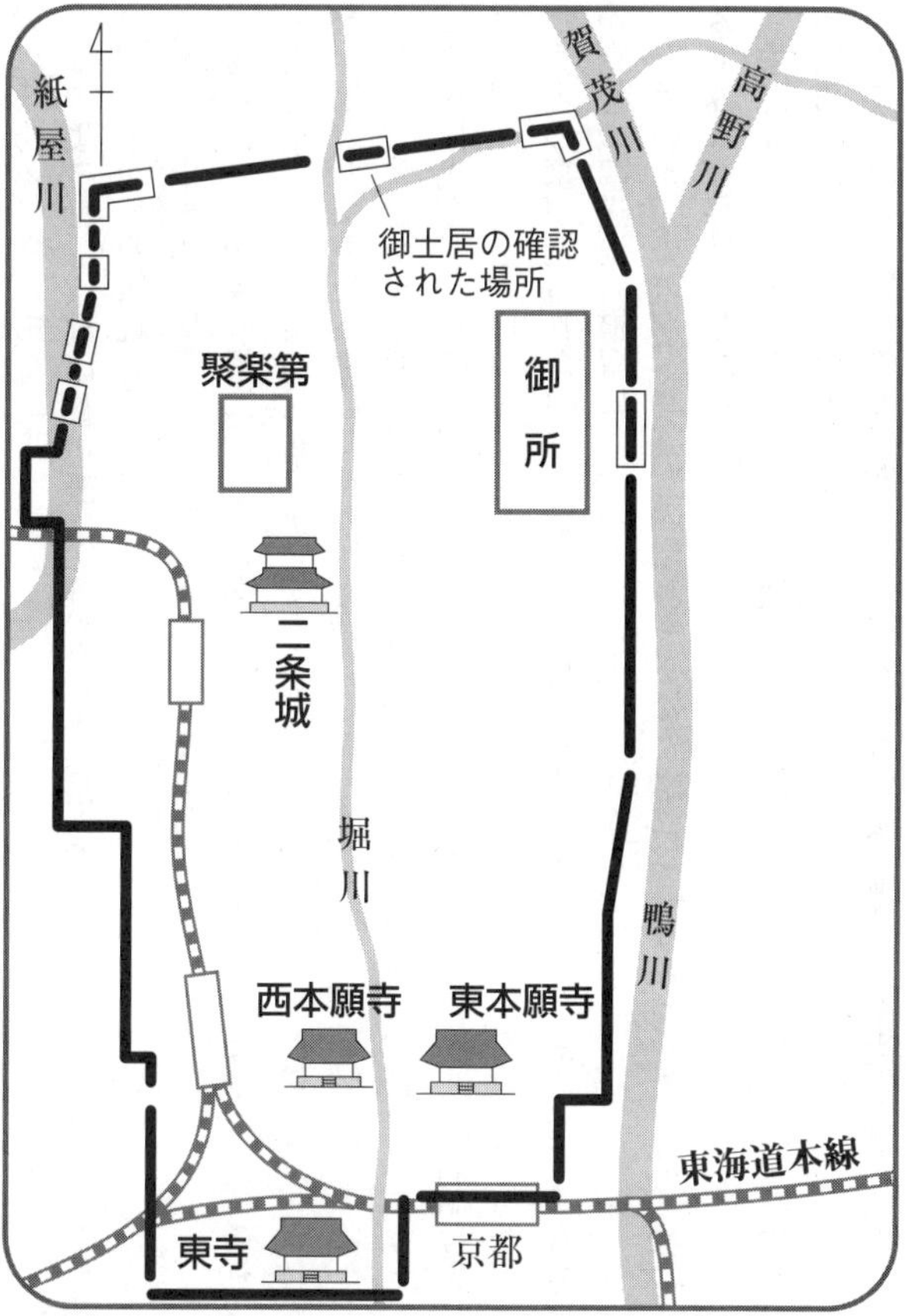

秀吉が防衛のために京の周囲を囲った土塁、「御土居《おどい》」。これによって京を守りの堅い都に改造しようとしていたのである。

たのである。

このように、京都の都市改造を試みた秀吉であったが、こと〝魔界〟に関しては、古来からの伝統的な慣習にしたがった。

茶人、千利休《せんのりきゅう》に切腹を命じたときのことである。

秀吉は、大徳寺の楼門《ろうもん》の二階にあった利休の木像を引きずり下ろし、それを魔所として名高い「一条戻橋《いちじょうもどりばし》」のたもとにさらしている。いわば、罪を受けた利休を、罰《ばつ》として鬼界へ追放したわけだ。

また、秀吉が松原通の路傍《ろぼう》にあった不動《ふどう》の石仏を聚楽第《じゅらくてい》の石垣にしようとしたところ、怪光を発したので、これをもとに戻し、「不動寺」を再興した逸話は先にも述べた。

秀吉の墓が造られたのは、鳥辺野《とりべの》を見下ろす阿弥陀《あみだ》ヶ峰《みね》であった。これも、秀吉が京都の葬送地の慣習にしたがったからにほかならない。

とはいえ、秀吉が〝怨霊〟の祟《たた》りをさほど恐れていなかったことは、次の一件をみてみれば容易にわかるだろう。

秀吉は晩年、伏見《ふしみ》の桃山に伏見城を築いたが、そのとき邪魔になったのが桃山の地にあった桓武天皇の陵墓《りょうぼ》であった。

死者の祟りを恐れるのであれば、別の場所に城の縄張《なわば》りを選定し直すのがふつう

茶人、千利休は秀吉により切腹を命じられた上、一条戻橋のたもとに木像をさらされた。今も花嫁はこの橋を渡ってはいけないという。

である。

ところが、秀吉は比叡山出身のブレーン施薬院《やくいん》全宗《ぜんそう》に命じ、延暦寺の天台座主《てんだいざす》とはかって桓武天皇の陵墓をひそかに近江《おうみ》坂本に移してしまったのである。

過去の帝王の墓を壊し、その上に自分の城を建てる――このあたり、おのれの力だけでのし上がってきた戦国武将のパワーの凄さを感じざるをえない。

しかし――。

桓武天皇の墓を壊した報《むく》いかどうか、秀吉もまた、死後、安穏《あんのん》に眠っていることはできなかった。

元和《げんな》元年（一六一五）、大坂夏の陣で豊臣家が滅びると、新たに天下の覇者となった徳川家康は、ただちに阿弥陀《あみだ》ヶ峰《みね》にあった秀吉の墓を壊している。さらに、山へ通じる道をすべて塞ぎ、今熊野にあった「新日吉《いまひえ》神宮《じんぐう》」を参道の中央へ移して、何人も墓参ができないように封鎖してしまった。

おそらく家康は、庶民に人気のあった秀吉が死してなお、人々の心に生きつづけることを恐れたのであろう。

家康が交わした〝悪魔の契約〟

その徳川家康――。

戦国三大英雄のなかでは、もっとも魔界に縁のなさそうな顔をしているが、じつは、魔界のマジカルパワーを天下取りに最大限に利用したのは、ほかならぬ家康その人だったのではないだろうか。

家康は天下を取るために、

「外法《げほう》」

を修していたと私は考えている。

外法《げほう》――。

それは、禁断の呪術であった。深悪神カーリーの侍女《じじょ》、荼吉尼《だきに》を本尊とする外法信仰は、仏教の伝来とともにわが国にもたらされた。

邪神荼吉尼《だきに》の呪力は絶大で、この神を崇《あが》める者は、富、権力を思いのままに操ることができるとされた。だが、それと引き換えに、死後、自分の肝《きも》を荼吉尼《だきに》にささげる契約をしなければならない。

すなわち、極楽往生《ごくらくおうじょう》をのぞまないかわりに、現世での栄華を手に入れようという〝悪魔の契約〟が外法《げほう》の正体であった。

外法《げほう》をおこなうためには、髑髏本尊《どくろほんぞん》が必要とされた。

死人の頭を切り取ってきて、人の往来の激しい路傍《ろぼう》に埋めておく。すると、その髑髏《どくろ》は、六十日後にすさまじい呪力を発揮するようになる。

ただし、本尊とする髑髏《どくろ》の形には特殊な条件があった。

頭の形がひらき、目が両耳より下についていて、顎《あご》が小さくすぼんでいる――いわゆる〝才槌頭《さいづちあたま》〟である。

才槌頭《さいづちあたま》は別名、〝外法頭《げほうがしら》〟とも呼ばれ、外法を祀ろうとする者たちにとっては、まさに垂涎《すいぜん》の的であった。

鎌倉時代、じっさいに外法頭《げほうがしら》が切り取られ、盗まれたという記録が残っている。

その頭の持ち主は、ときの太政大臣西園寺公相《だじょうだいじんさいおんじきんすけ》。

当時の公家の日記、『経光卿記《つねみつきょうき》』の文永《ぶんえい》四年（一二六七）、十一月二十四日の条にはつぎのように記されている。

西園寺公相《きんすけ》の葬儀があった晩、たいへんな凶事があった。柩《ひつぎ》のなかに横たわっていた公相《きんすけ》の死体から首が切り取られ、何者かの手によって盗まれた。そのため、柩《ひつぎ》から血が多く流れた。髑髏法《どくろほう》（外法のこと）を修する上人が近ごろ世間に多く、

家康はほととぎすが鳴くまで待つような人物ではなかった。天下を取るために、禁断の呪術を使ったとも言われる。

葬儀をとりおこなった実相《じっそう》上人という僧侶が、その邪法に手を染めていた疑いがある……。

と、日記の書き手は語っている。

それから二十数年後の永仁《えいにん》元年（一二九三）、今度は天武《てんむ》天皇の山陵が暴かれるという事件が起きた。犯人は行広《ぎょうこう》という僧侶で、かれは盗んだ天皇の首を法《ほっ》勝寺《しょうじ》の阿弥陀堂に隠していたが、まもなく検非違使《けびいし》につかまった。天武天皇の大頭を狙って盗んだというから、やはり外法に使うつもりだったのだろう。

外法に手を染《そ》めたのは、かれらのような僧侶ばかりではなかった。現世の栄達を願う貴族、武士、商人などもまた、例外ではない。

平安末期の貴族藤原忠実《ただざね》は、外法を修

して関白職についたといわれ、その子孫である九条家の邸内には荼吉尼《だきに》を祀る《福《ふく》大明神社《だいみょうじんしゃ》》があった。現在、福大明神の祠《ほこら》は、一条戻橋の近く、福大明神町の大木家の屋敷内に祀《まつ》られている。

そのほか、外法を修した人物として知られているのは、あの平清盛である。清盛は魔所に館を構えただけでなく、じつは外法の呪験《じゅげん》によって政界の覇者となったのである。

もう一人、外法を使った有名な人物がいる。

それは、後醍醐《ごだいご》天皇。後醍醐天皇は強力な荼吉尼《だきに》の呪力により、鎌倉幕府を呪い倒し、建武《けんむ》の新政をはじめた。

また、室町時代の管領細川政元《ほそかわまさもと》も外法を修しており、かれはその呪験を高めるために一生妻帯をしなかったという。

外法は日本の歴史のなかで、暗黒の呪術として長く生きつづけてきたのである。

その外法を、徳川家康もやっていた。

家康は外法のマジカルパワーを利用して、天下の覇権をおのが手に握った——。

これまで一度も指摘されたことはないが、筆者は京都の魔所をめぐって歩くうちに、そのことを強く実感するようになった。

証拠を挙《あ》げよう。

㈠徳川家の菩提所《ぼだいしょ》、洛東知恩院《ちおんいん》の境内には、《濡髪祠《ぬれがみほこら》》という荼吉尼《だきに》を祀《まつ》った祠《ほこら》がある。この祠、知恩院の守護神とされており、そこに掛けられた幔幕《まんまく》には徳川家の葵《あおい》の紋が入っている。しかも、この祠の真正面には、なぜか家康の孫千姫《せんひめ》の墓がある。

つまり、濡髪祠《ぬれがみほこら》は、徳川家康が外法によって天下を取ったお礼に建てた祠ではないかと考えられる。

㈡洛東真如堂《しんにょどう》の塔頭《たっちゅう》に《法伝寺《ほうでんじ》》という寺がある。ここも、本尊は荼吉尼《だきに》を祀《まつ》っている。

寺の由来書を見ると、

「徳川家康公は、此《こ》の天尊（荼吉尼天《だきにてん》）を深く信仰され、天下を治めるにいたり報恩のために祭祀料《さいしりょう》百石を供えられました」

と、はっきり書かれている。

徳川家康は、荼吉尼《だきに》を祀って天下を取り、その報恩のために百石を寺に寄進したのだという。その〝報恩〟という文字が、私の目には独特の意味をもって飛び込んでくる。

荼吉尼《だきに》というのは、非常に危険な邪神である。効験も強いだけに、ないがしろにしたときの報いも大きい。恩を受けた以上、それにきちんと報いておかねば、いつ自分に牙を向けてくるとも限らないのである。

㈢家康は出身地三河にある豊川吒枳尼真天《とよかわだきにしんてん》（のちの豊川稲荷。本尊は荼吉尼《だきに》）を早くから信仰し、武運長久を祈ってきた。天下分け目の関ヶ原合戦のさいにも、豊川吒枳尼真天に戦勝を祈願し、合戦に勝利したお礼として四十九石を与えている。恩を受けた以上、やはり、きちんと報いておかなければ荼吉尼《だきに》は恐ろしいのである。

邪神荼吉尼《だきに》の神使は狐《きつね》である。

そのため、江戸時代になると荼吉尼《だきに》はお稲荷《いなり》さんと混同されることが多くなる。お稲荷さんといえば、次の言葉を思い出す。

「伊勢屋、稲荷に犬の糞《くそ》」

これは、江戸の町でよく見かけるものをあらわした言葉である。江戸には、伊勢（三重県）出身の商人が多く、野犬も多かったから、犬の糞《ふん》も道端によく転がっていた。

それに、稲荷の社が圧倒的に多い。

商家が軒を並べる日本橋のあたりには、それこそ一町ごとに、稲荷の赤い社があった。ちょうど、京都の町における地蔵の祠《ほこら》と同じように――。

そもそも、江戸の町にこれだけ稲荷信仰が広まったのは、江戸幕府の創設者である徳川家康の外法信仰に端《たん》を発しているのではないかと、私は考えている。

濡髪祠の前にある千姫の墓

茶吉尼天を祀る濡髪祠

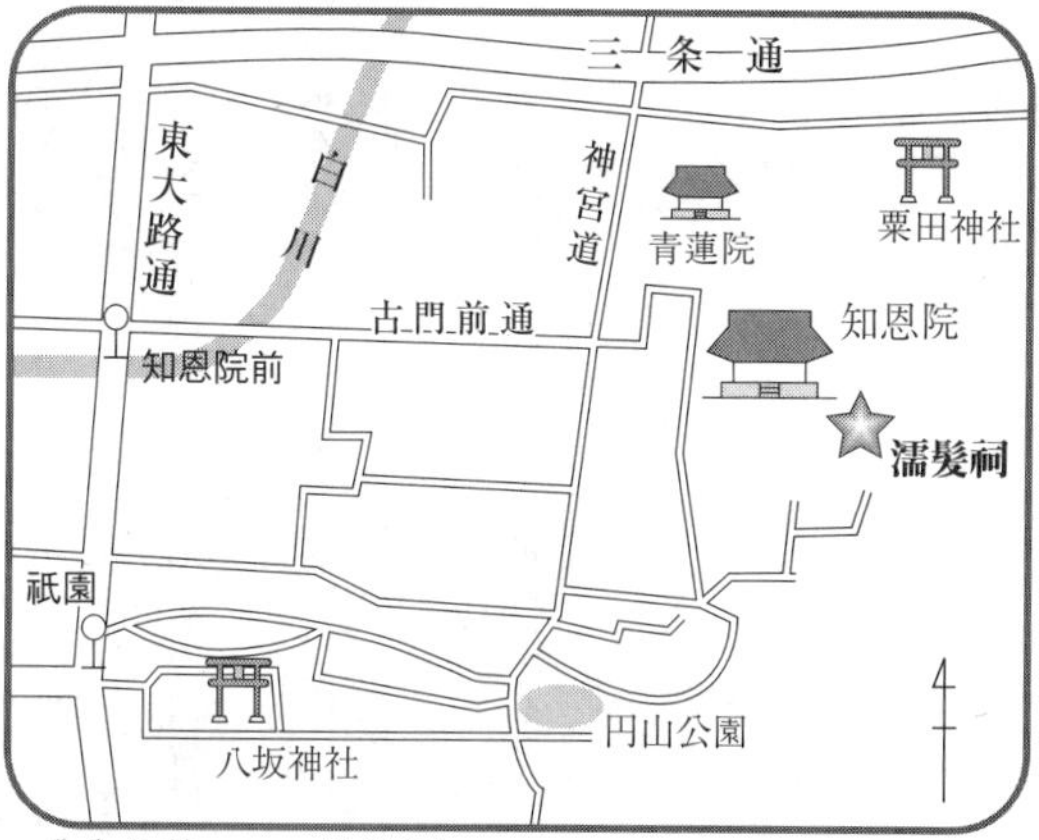

邪神荼吉尼天《だきにてん》を祀る濡髪祠《ぬれがみほこら》のある知恩院は徳川家の菩提所だった。家康が天下を取ったお礼に建てた祠なのか。

茶吉尼《だきに》は家康に天下を与え、江戸に幕府を開かせた。しかし、それをそのまま信仰するには、茶吉尼《だきに》の魔力はあまりに強烈すぎる。それゆえ、家康は稲荷社に形を変えて、茶吉尼《だきに》の恩に報いたのではないか（ちなみに、江戸の徳川家の祈願所は王子《おうじ》稲荷であるが、ここで祀っているのは稲荷ではなく茶吉尼だと神社の由緒書にもはっきり書かれている）。

江戸の町を歩くと、商売繁盛の神さまである稲荷（じつは茶吉尼）が祀《まつ》られ、京の町を歩くと地獄から人間を救う地蔵が祀《まつ》られている。

——江戸の稲荷に京の地蔵。

そこに、新旧の二つの都市の違いがよくあらわれているような気がする。

エピローグ――そして、いま、京都の魔界は……

京の町中、今出川《いまでがわ》通に面して、

――白峰神宮《しらみねじんぐう》

という神社が建っている。

祭神は崇徳院《すとくいん》。保元《ほうげん》の乱で敗れ、讃岐白峰《さぬきしらみね》に配流《はいる》されて、天下国家を呪いながら〝大魔王〟となった帝王である。

その崇徳院を祀《まつ》る白峰神宮が造営されたのは、明治元年（一八六八）九月。造営を命じたのは、ときの帝、明治天皇であった。

明治元年九月といえば、時あたかも戊辰《ぼしん》戦争の真っただなか。最後まで徹底抗戦をつづける会津《あいづ》藩と、官軍とのあいだに激烈な戦闘がくりひろげられていた時期である。

その微妙な時に、明治天皇は〝大魔王〟となっていた崇徳院の霊を讃岐《さぬき》から呼び寄せ、京都に祀った。

明治天皇は長年にわたり天皇家に祟《たた》りつづけた崇徳院の霊が、ふたたびこの世によみがえって官軍の行動を邪魔することを恐れたのである。

七百年も昔の悪霊が、近代の幕開けとなった明治時代に至ってなお、現実的な脅威として恐れられていたとは——。

その事実を知るとき、われわれはほとんどめまいすら覚える。まさに、魔界都市京都ならではの話ではないか。

いや、それは決して過去の話ではない。

京都には、魔界が今もたしかに生きつづけている。

たとえば《深泥《みぞろ》ヶ池《いけ》》。

古来、竜神が棲むと言われた洛北《らくほく》にある魔の池のほとりには、現在、一本の舗装《ほそう》道路が通っている。

京都のタクシードライバーは、雨の日、深泥ヶ池のほとりで手を挙げる女性客を絶対に乗せないという。

とは言っても、ゆえなき乗車拒否ではない。

そこにあらわれる女性は人間にあらず、闇の世界に棲む異界のものだからだ。

深泥《みぞろ》ヶ池の女幽霊。京のタクシードライバーのあいだでは、有名な話である。

女の幽霊はまた、洛北《らくほく》の静原《しずはら》にもあらわれる。

夜、静原のはずれで車に女性を乗せると、いつのまにか後ろの座席にすわっていたはずの女の姿が消え、シートがぐっしょりと濡れている。一度や二度ではない。

そのため、静原を通る道は別名〝幽霊街道〟とも呼ばれ、一時はパトカーが出動するほどの騒ぎになった。

静原は、崇徳院《すとくいん》の遺品が埋められた魔所《金毘羅山《こんぴらやま》》のふもとにあたるが、その山の魔力が冥界《めいかい》に車を引き寄せているのかどうか、われわれにはたしかめようがない。

妖《あや》しい話はまだまだある。

たとえば《一条戻橋《いちじょうもどりばし》》。

この魔の橋の近くでも、怪異な事件が後を絶たない。

以前、某女性歌手の父親Kさんが、一条戻橋の近くで変死を遂《と》げた。

翌日の新聞記事によれば、

「倒れていたのは自宅前の一条戻橋下流の堀川《ほりかわ》。道路から約六メートル下の水のない川底に額から血を流し、うつぶせになっていた」(『スポーツニッポン』一九九二年八月二十二日)

という。

かつては鮎《あゆ》も泳いでいた清流の堀川であったが、今では水さえ流れておらず、コンクリートの乾いた川底が剝《む》き出しになっている。

そこにKさんは倒れていたのだ。

この記事を見て、一条戻橋で鬼女と出会った渡辺綱《わたなべのつな》のことを思い出すのは、私ひとりではあるまい。

もう一度、言っておこう。魔界は現代に生きている。

京の人々のなかに、それを敬《うやま》い、恐れ、畏怖《いふ》する心がある限り、京都は永遠の闇の王国として地上に存在し、美しい輝きを放ちつづけるはずだ。

あとがき——魔界京都をこの眼でこの足で辿《たど》った私からのメッセージ

時代小説を書いている関係で、京都へはよく行く。

時代小説の舞台というと、たいていの方は〝江戸〟を思い浮かべるだろうが、ご存じのように江戸こと東京は、関東大震災、太平洋戦争の大空襲と立てつづけに破壊され、かつての面影《おもかげ》は九十九パーセント残っていない。

その点、京都はバブル期の地上げでいくぶん様相を変えたとはいえ、古いものが人々の暮らしのなかにまだ生きている。

なにげない路地裏、神社の森、寺の境内をほっつき歩いていても、想像は何十倍にも大きく膨《ふく》らんでくる。

繰り返し繰り返し京都を歩き、調べ、それをもとに伝奇色の濃い時代小説を書いてきた。

だが、取材してえた生《なま》の素材をそのままフィクションの世界に使うことはできない。いったん素材を解体し、まったく違う形に再構成し直さなければ、作品として成立しえないのだ。惜しい気もするが、調べた知識の大半はあっさりと捨ててきた。

そんなとき、

「京都の魔界について書いてみませんか」

と、青春出版社の方が声をかけてきた。

——やってみるか……。

と思ったのは、十年がかりでやってきた京都探訪の成果を残しておくのも悪くないな、と考えたからである。

昔からあたためてきたテーマなので、執筆に時間はかからないだろうとたかをくくっていたが、ほかの仕事と重なり、作業は遅々としてはかどらなかった。その結果、担当の手島嬢、長澤氏には多大なる迷惑をかけてしまった。ご両人とも、ほとんど〝地獄めぐり〟をしている気分だったにちがいない。

ともかく、こうして本書が形になったのは、ひとえにお二人の情熱のたまものである。あらためて感謝したい。

本書執筆中、つねに三つのお守りを身近に置いていた。

ひとつは、比叡山の元三大師堂《がんざんだいしどう》で配っている「角大師《つのだいし》」のお札。もうひとつは、八坂神社の「蘇民将来子孫也《そみんしょうらいのしそんなり》」と書かれた疫病除《えきびょうよ》けのお守り。そして幸神社《さいのかみのやしろ》の猿の絵が描かれた絵馬である。

そのお守りの結界のなかで執筆にあたったせいか、本書は著者が考えていた以上に中身の濃い一冊になった。これを読めば京都の闇の世界のすべてが分かる、と断言してもよい。

すでに拙著のなかで小説として形にした素材もあれば、これから壮大な物語に発展させていこうと考えている素材もある。

最後になったが、本書を片手に京都魔界探訪をされる方のために、魔物を退散させる不動明王の陀羅尼《だらに》を記しておこう。

「南莫三曼多《ナウマリサンマンタ》、縛日羅赧《バサラタン》、憾《カン》」

この呪文を唱えてひたすら祈れば、おそらく魔物は退散するはずだ。

文庫版あとがき

このたび、『魔界都市・京都の謎』がＰＨＰ文庫に加わることになった。何年かぶりにゲラを読み返し、あまりのおもしろさに自分で夢中になってしまった。時がたっても、京都の〝魔界〟はいささかも妖しさを失っていない。いや、むしろ陰翳がいっそう深まってきているくらいだ。先の見えない世の中になり、人心が不安定になったとき、〝魔界〟は存在感をより鮮明にするのだろう。

文庫化にさいしては、ＰＨＰ研究所の平賀哲史氏にお世話になった。お礼を申し上げたい。

二〇〇〇年春

火坂雅志

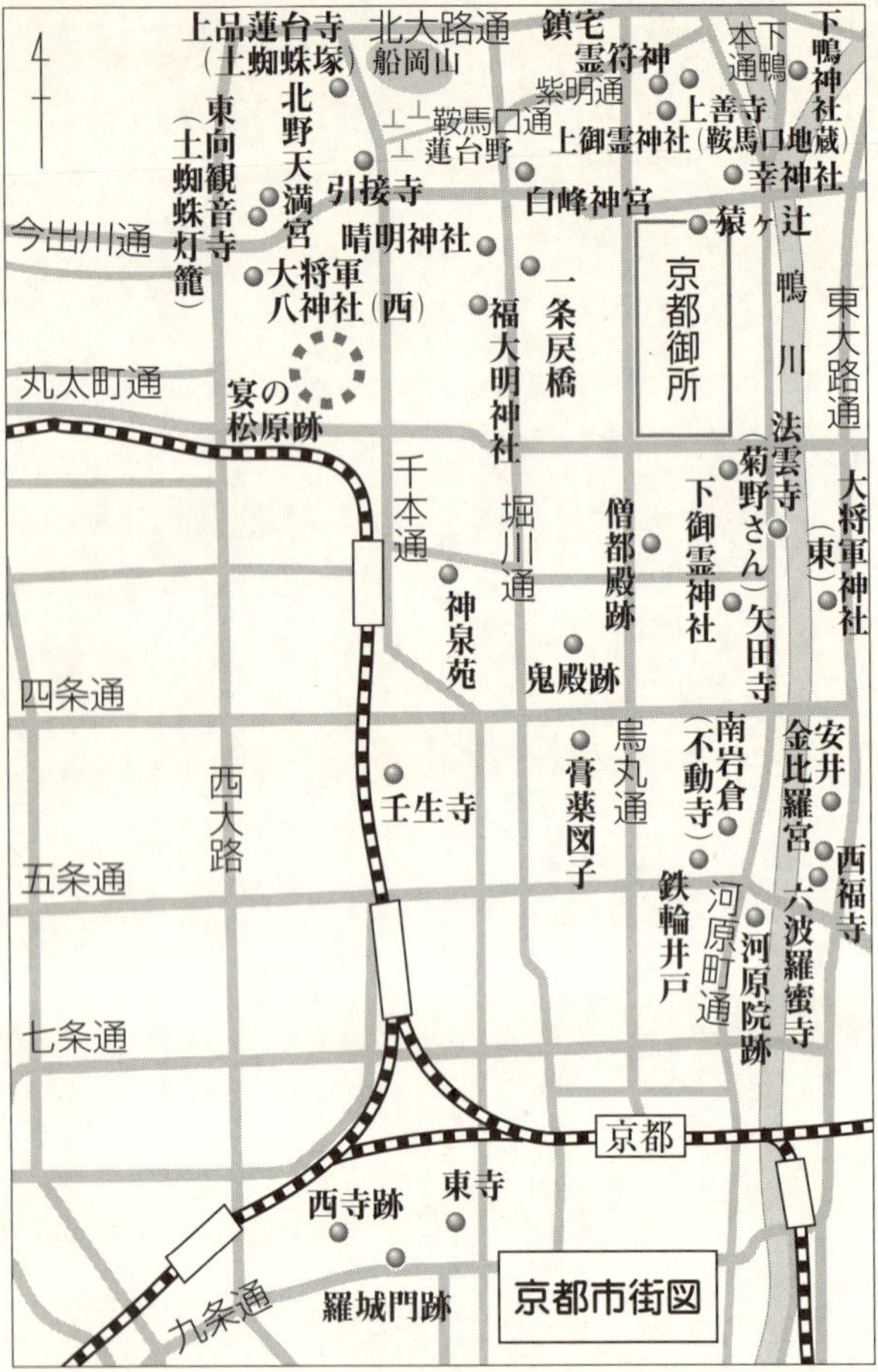
上品蓮台寺
（土蜘蛛塚）
北大路通
船岡山
鎮宅
霊符神
紫明通
本通
下鴨
下鴨神社
上善寺
鞍馬口通
蓮台野
上御霊神社（鞍馬口地蔵）
東向観音寺
（土蜘蛛灯籠）
北野天満宮
引接寺
白峰神宮
幸神社
猿ヶ辻
今出川通
晴明神社
京都御所
大将軍八神社（西）
一条戻橋
福大明神社
鴨川
東大路通
丸太町通
宴の松原跡
法雲寺
（菊野さん）
千本通
堀川通
僧都殿跡
下御霊神社
大将軍神社（東）
神泉苑
矢田寺
鬼殿跡
四条通
烏丸通
南岩倉
（不動寺）
安井金比羅宮
西大路
壬生寺
膏薬図子
西福寺
五条通
鉄輪井戸
河原町通
六波羅蜜寺
河原院跡
七条通
京都
東寺
西寺跡
九条通
羅城門跡
京都市街図

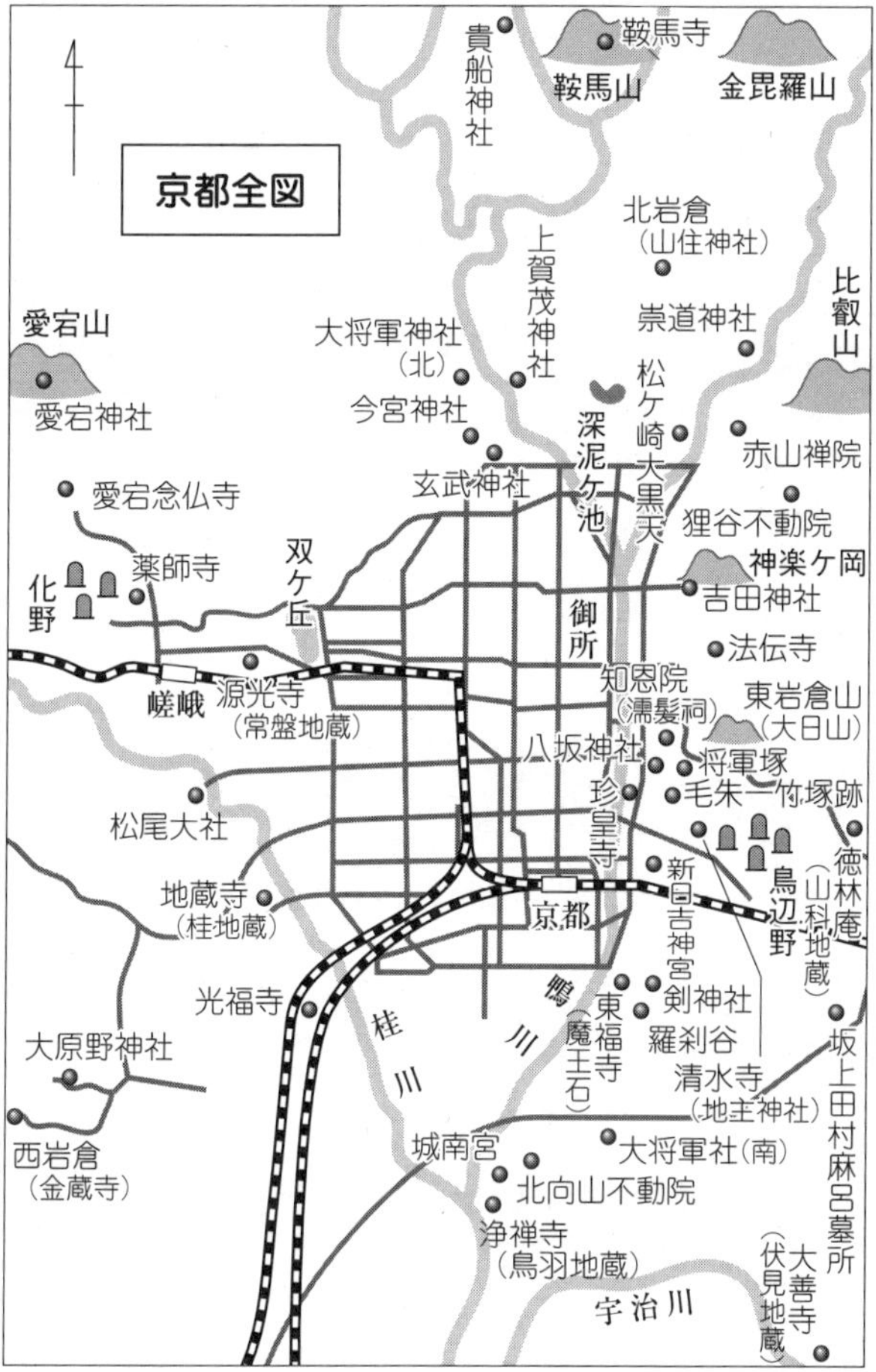
京都全図
貴船神社
鞍馬寺
鞍馬山
金毘羅山
北岩倉
（山住神社）
上賀茂神社
比叡山
愛宕山
大将軍神社（北）
崇道神社
愛宕神社
今宮神社
松ケ崎大黒天
深泥ケ池
赤山禅院
玄武神社
愛宕念仏寺
狸谷不動院
双ケ丘
薬師寺
神楽ケ岡
化野
吉田神社
御所
法伝寺
嵯峨
源光寺
（常盤地蔵）
知恩院
（濡髪祠）
東岩倉山
（大日山）
八坂神社
将軍塚
松尾大社
珍皇寺
毛朱一竹塚跡
徳林庵
（山科地蔵）
地蔵寺
（桂地蔵）
京都
新日吉神宮
鳥辺野
光福寺
桂川
鴨川
東福寺
（魔王石）
剣神社
羅刹谷
大原野神社
清水寺
（地主神社）
坂上田村麻呂墓所
西岩倉
（金蔵寺）
城南宮
大将軍社（南）
北向山不動院
浄禅寺
（鳥羽地蔵）
宇治川
大善寺
（伏見地蔵）

ま

松尾大社　42

松ヶ崎大黒天　149

み

御影堂《みえいどう》　171

深泥ヶ池《みぞろ》　102, 198

壬生寺《みぶでら》　149

も

毛朱一竹塚《もうしゆいつちくづか》　104

や

薬師寺　120

安井金比羅宮《やすいこんぴらぐう》　160

矢田寺《やたでら》　124

山科地蔵《やましな》　126

山住神社《やまずみ》　21

よ

吉田神社　148

ら

羅城門　100

羅刹谷《らせつだに》　98

ろ

六波羅蜜寺《ろくはらみつじ》　176

索　引

この作品は、一九九六年に青春出版社から刊行された
『魔界京都』を加筆・修正の上改題したものである。

著者紹介

火坂雅志（ひさか　まさし）

1956年（昭和31年）新潟市生まれ。早稲田大学卒業。歴史雑誌の編集に携わった後、88年『花月秘拳行』で作家デビュー。時代小説の若きホープとして注目を集めている。

主な著書に『西行桜』『全宗』（以上、小学館）、『柳生烈堂』『武蔵復活二刀流』（以上、祥伝社）、『美食探偵』『忠臣蔵心中』（以上、講談社）、『新選組魔道剣』（光文社）、『壮心の夢』（徳間書店）、『鬼道太平記』（ＰＨＰ研究所）がある。

ＰＨＰ文庫　魔界都市・京都の謎
封印された闇の歴史を暴く

2000年７月17日　第１版第１刷
2003年２月26日　第１版第２刷

著　者　火　坂　雅　志
発行者　江　口　克　彦
発行所　ＰＨＰ研究所
東京本部　〒102-8331 千代田区三番町３番地10
文庫出版部　☎03-3239-6259
普及一部　☎03-3239-6233
京都本部　〒601-8411 京都市南区西九条北ノ内町11
PHP INTERFACE　http://www.php.co.jp/

制作協力
組　版　ＰＨＰエディターズ・グループ

印刷所
製本所　図書印刷株式会社

ISBN4-569-57433-5

PHP文庫

PHP文庫

加藤諦三　「つらい努力」と「背伸び」の心理
加藤諦三　「安らぎ」と「焦り」の心理
加藤諦三　「自分」に執着しない生き方
加藤諦三　「不機嫌」になる心理
加藤諦三　終わる愛　終わらない愛
加藤諦三　人を動かす心理学
加藤諦三　「せつなさ」の心理
加藤諦三　生き方を考えながら英語を学ぶ
加藤諦三　やせたい人の心理学
加藤諦三　20代の私をささえた言葉
加藤諦三　「青い鳥」をさがしすぎる心理
加藤諦三　行動してみることで人生は開ける
加藤諦三　「妬み」を捨て「幸せ」をつかむ心理学
加藤諦三　自分を活かす心理学
加藤宗哉　モーツァルトの妻
加藤由子　うちの猫にかぎって
加藤由子　雨の日のネコはとことん眠い
金盛浦子　あなたらしいあなたが一番いい

加野厚志　島津義弘
加野厚志　本多平八郎忠勝
唐津一　販売の科学
唐津一　儲かるようにすれば儲かる
川北義則　"自分の時間"のつくり方・愉しみ方
川北義則　逆転の人生法則
川島令三 編著　鉄道なるほど雑学事典
川島令三 編著　鉄道なるほど雑学事典2
川村真二　恩田木工
樺旦純　頭のキレをよくする本
樺旦純　嘘が見ぬける人、見ぬけない人
樺旦純　ウマが合う人、合わない人
菊池道人　丹羽長秀
北岡俊明　ディベートがうまくなる法
北岡俊明　最強のディベート術
北嶋廣敏　話のネタ大事典
紀野一義　心が疲れたとき読む本
紀野一義　親鸞と生きる

木村千鶴子 著　吉田敦彦 監修　ギリシア神話がよくわかる本
邱永漢　お金持ち気分で海外旅行
邱永漢　死ぬまで現役
邱永漢　みんな年をとる
邱永漢　日本人はアジアの蚊帳の外
桐生操　イギリス怖くて不思議なお話
桐生操　イギリス不思議な幽霊屋敷
桐生操　世界史怖くて不思議なお話
桐生操　世界の幽霊怪奇物語
桐生操　世界史・呪われた怪奇ミステリー
日下公人　組織に負けぬ人生
日下公人　人事破壊
国沢光宏　とっておきクルマ学
国司義彦　「問題解決」の基本がわかる本
国司義彦　「30代の生き方」を本気で考える本
国司義彦　「40代の生き方」を本気で考える本
国司義彦　「20代の生き方」を本気で考える本
国司義彦　新・定年準備講座

PHP文庫

松下幸之助　松下幸之助 経営語録
松下幸之助　21世紀の日本
松下幸之助　人間を考える
松下幸之助　リーダーを志す君へ
松下幸之助　君に志はあるか
松下幸之助　商売は真剣勝負
松下幸之助　経営にもダムのゆとり
松下幸之助　景気よし不景気またよし
松下幸之助　企業は公共のもの
松下幸之助　道行く人もみなお客様
松下幸之助　一人の知恵より十人の知恵
松下幸之助　商品はわが娘
松下幸之助　強運なくして成功なし
松下幸之助　正道を一歩一歩
松下幸之助　社員は社員稼業の社長
松下幸之助　人生談義
松下幸之助　思うまま
松下幸之助　夢を育てる

松下幸之助　若さに贈る
松下幸之助　道は無限にある
松下政経塾 編　松下政経塾講話録
松野宗純　人生は雨の日の托鉢
松原惇子　いい女は頑張らない
松原惇子　そのままの自分でいいじゃない
的川泰宣　宇宙は謎がいっぱい
的川泰宣　宇宙の謎を楽しむ本
三浦朱門／曽野綾子／遠藤周作　まず微笑
三雲 大　知って得する「数」の雑学
水上 勉　「般若心経」を読む
水木しげる 監修　妖かしの宴
満坂太郎　榎本武揚
三戸岡道夫　保科正之
三宅孝太郎　安国寺恵瓊
宮野 澄　小澤治三郎
宮部みゆき　初ものがたり
宮部みゆき／安部龍太郎／中村隆資 他　運命の剣のきばしら

宮脇 檀　都市の快適住居学
村石利夫　大石内蔵助のリーダー学
村田兆治 監修 森 純大 著　勝負の名言
村松増美　だから英語は面白い
村山 孚　「論語」一日一言
毛利子来　子どものからだ・子どものこころ
百瀬明治　「軍師」の研究
百瀬明治　徳川秀忠
森 毅　生きていくのはアンタ自身よ
森本 繁　徳川三代99の謎
森本哲郎　ソクラテス最後の十三日
守屋 洋　中国古典一日一言
守屋 洋　新釈 菜根譚
守屋 洋　〈実説〉諸葛孔明
安井かずみ　女の生きごこち見つけましょ
安井かずみ　自分を愛するこだわりレッスン
安井かずみ　30歳で生まれ変わる本
安井かずみ　スカーレット・オハラのように生きてみませんか